Arno Buchheister (Hrsg.)

Flügelschlag des Geistes

Gedichte & lyrische Prosa

Bibliografische Information der Deutschen Nationalbibliothek

Die Deutsche Nationalbibliothek verzeichnet diese Publikation
in der Deutschen Nationalbibliografie; detaillierte bibliografische
Daten sind im Internet über http://dnb.d-nb.de abrufbar.

1. Auflage, Juni 2016

Arno Buchheister
Bosselhaistraße 37
38170 Schöppenstedt
arno.buchheister@freenet.de

Umschlagfoto © Ralf Wolf
Layout & Satz: autorenservice.net

Herstellung und Verlag:
BoD – Books on Demand, Norderstedt

ISBN: 978-3-7392-2202-8

Sara Baschlau, Hanna A. Bludau, Arno Buchheister,
Sonja Buchheister, Sven Buchheister,
Harald Föhr-Waldeck, Otmar Heinkel, Daniil Ivanov,
Hans J. Knospe, Irmgard Kümmel, Noura Messing,
Georg Meyers, Karin Pophusen, Vreni Romann,
Joachim Schuster, Dr. Gerhard Schweter, Ralf Stelling,
Artur von Zell, Ralf Stefan Wolf, Gabriele Zappel-Lucke

Flügelschlag des Geistes

GEDICHTE & LYRISCHE PROSA

*An dieser Stelle ein großes Dankeschön
für die ständige Unterstützung
an meine Ehefrau Kathrin Buchheister
und Ralf Wolf, ohne die das Gelingen des Buches
in dieser Qualität nicht vorstellbar gewesen wäre.*

*Schöppenstedt, 19.2.2016
Arno Buchheister*

Inhaltsverzeichnis

Vorwort

Liebe Leserinnen und Leser,

mit großer Freude darf ich Ihnen diesen neuen Gedichtband vorstellen. Vieles, was Menschen erlebt oder worüber sie nachgedacht haben, ist von ihnen in Gedichtform zusammengefasst worden. Wie die Lichtstrahlen der Sonne, welche durch eine Linse die Umgebung in Flammen setzen können, so mögen die Lichtstrahlen des Geistes, die, durch die Linse der Gedanken konzentriert, auf die Herzen der Menschen wirken, ein Feuer entfachen, das alle erkalteten Herzen zu einem einzigen Herz zusammenschweißt. Denn die Menschheit ist wie eine einzige Familie, und die Erde ihre gemeinsame Heimat.

Es handelt sich hier um die erste deutschsprachige Anthologie baha'i-inspirierter Gedichte. Da ich Sorge hatte, dass viele geistige Schätze in irgendwelchen Schubladen verstauben und in Vergessenheit geraten könnten, fühlte ich mich dazu berufen, diesen Gedichtband herauszubringen. Erfreulicherweise sind Gedichte von 20 Autoren eingegangen, die alle auf ein Honorar verzichteten. So, wie sie diese Gedichte von Gott bekommen haben, nämlich kostenlos, waren sie bereit, sie weiterzugeben. Dadurch konnte das

Anliegen des Herausgebers, die Kosten für das Buch so gering wie möglich zu halten, verwirklicht werden. Jeder sollte sich das Buch leisten können!

Über die Betrachtungen der Seele und der Natur werden wir in diesem Buch von den Autorinnen und Autoren zu Trauer und Freude geleitet, die zu neuen Erkenntnissen führen können. Von lustig über nachdenklich bis poetisch ist alles vorhanden.

Nun bleibt mir nur noch, Ihnen allen viel Spaß beim Lesen zu wünschen und etwas, was dazu unerlässlich ist: die erforderliche Zeit!!

Herzlich
Arno Buchheister

Hass und Liebe

Manchmal hasst man den Menschen am stärksten,
den man am meisten liebt.
Weil er einem am meisten wehtun kann.

Sara Baschlau

Meine Träne

Wenn du eine Träne wärst,
würde ich nie weinen,
aus Angst, dich zu verlieren.
Aber ich habe geweint und dich verloren.
Bitte verzeih mir.

Sara Baschlau

Gewissheit

In der Liebe liegt das Wissen,
wenn ich nicht da bin,
sie mich vermissen.

Sara Baschlau

Ohne dich

Inmitten einer kalten Welt stehe ich.
Ohne einen einzigen Gedanken lebe ich.
Ohne ein einziges Gefühl sterbe ich.
Ohne dich!

Sara Baschlau

Die Gegenwart

Die Sterne kann ich nicht erreichen,
also schick mir eine Sternschnuppe herunter.
An die Vergangenheit kann ich mich nicht erinnern,
also schick mir eine Erinnerung zurück.
Die Zukunft kann ich nicht beschreiben,
also gib mir eine Vorstellung davon.
Doch die Gegenwart kann ich selbst versteh'n,
ich bin glücklich.
Und das Gefühl für dich kann ich beschreiben,
ich liebe dich!

Sara Baschlau

Der Mann im Mond II

Gestern, als ich aus meinem Fenster sah,
ein wunderschönes Gebilde bot sich mir dar.
Zweige eines Kirschbaumes,
die vor meinem Fenster hingen,
schoben sich vor des Mondes glänzend Schwingen.
Der Mann im Mond war auch zu seh'n,
ich dachte nur er soll nicht geh'n.
Doch so verharrte er und verzog keine Miene,
„hey, jetzt kitzelt mich die Gardine".
Er legte sich in sein Himmelbett,
sah den Sternen beim Glitzern zu, oh welche Wonne
und dann begrüßte er die Sonne.
Nun also bis zum nächsten Abend,
wenn der Mond am Himmel steht,
werd' ich flüstern,
gib auf Papa acht
während der Nacht
und du wirst sehen,
morgen um halb acht,
bist du glücklich aufgewacht.

Sara Baschlau

Die Uhr tickt

Die Uhr tickt, Zeit vergeht, es ist zu spät. Für was? Etwa für das Leben, gar für die Liebe? Keine Zeit, darüber nachzudenken. Bin zu spät dran. Mein Leben läuft in Sekundenschnelle vor meinen Augen ab. Ich denke: Ist es vorbei, hab ich's verpasst? Warum war es nur so kurz? Ich muss mich beeilen, rückwärts laufen. Will mein Leben genießen, jede Sekunde, keine davon verschenken. Ich will ihn finden – den Mann, den ich liebe. Ich will nicht denken: Muss mich beeilen, bin zu spät dran. Will ihm sagen, dass ich ihn liebe – ohne zu denken, dass es das letzte Mal sein könnte. Plötzlich wache ich auf, die Zeit bleibt stehn. Das Ticken der Uhr ist verstummt. Wie soll es weitergehen? Der Tag beginnt, und ein neuer Abschnitt in meinem Leben nimmt seinen Lauf.

Sara Baschlau

Engel kann man nicht berühren

Ich habe immer gehofft, ein bisschen Vernunft und Glauben in meinem Leben zu behalten, doch dies ist verloren gegangen, als es passierte, als ich dich das erste Mal sah. Du warst wunderschön wie ein Engel, doch dein strahlendes Aussehen hat mich getäuscht. Ich verlor meine Sinne, als ich begann, mich in dich zu verlieben. Ich öffnete meine Augen, sah den Vollmond, er strahlte mich an. Es zog ein Silberstreifen über mein Gesicht. Das war der Moment, in dem ich wusste, ich liebe dich!

Sara Baschlau

Das Leben

Mit Hoffnung fängt alles an.
Mit Mut kann's weitergeh'n.
Mit Liebe entspringt aus der Mitte ein Fluss.
Am Ende fließen alle Dinge zusammen,
denn die Hoffnung lebt weiter,
der Mut siegt weiter,
die Liebe liebt weiter.
Und am Ende fließen alle Dinge zusammen,
und aus der Mitte entspringt ein Fluss.*

Sara Baschlau

* Zitat aus dem Film:
„Aus der Mitte entspringt ein Fluss" (USA 1992)

Auf dem Sprung

Schlagartig Spannung
Im ganzen Körper
Jeder Muskel
In Bereitschaft
Eben verschlafen
Nun hellwach
Die Ohren gespitzt
Der Schwanz unruhig zuckend
Aufgesprungen
Der hintere Körperteil
Ins Gras gepresst
Die Pupillen groß
Leuchtend schwarz
Starr auf das Ziel gerichtet
Eine Pfote erhoben
Ein Zucken durch das Fell
Lautlos
Zwei Schritte näher
Der Schwanz
Nun aufgebauscht
Bewegungslos
Das zarte Maul leicht geöffnet
Die Zähnchen blitzblank
Schnurrbarthaar abgespreizt
Tiefer geduckt
Zum Sprung angesetzt
Und
Weg war die Maus

Hanna A. Bludau

Dank für die Schönheit

Du bist für mich
so entbehrlich
wie die Luft zum Atmen
so sinnlos
wie der Regen für die Natur
so hässlich
wie die frisch erblühte Rose
so gleichgültig
wie der Sonnenblume die Sonne
ich brauchte
nichts weniger als dich
zum Leben
wenn ich sterben wollte
O Herr, mein Gott
ein Leben ohne dich ist
wie eine Quelle ohne Wasser
wie die Sonne ohne Licht
wie der Regen ohne Wasser
wie ein Auge ohne Pupille
wie eine Hand ohne Finger
wie Musik ohne Töne
wie Elektrizität ohne Elektronen
einfach unmöglich
O Herr, mein Gott
verlass mich nicht
du bist meine Atemluft im Vakuum
du bist meine Liebe im Hass

du bist mein Licht in der Finsternis
du bist mein Leben im Tod
O Herr, mein Gott
du schenktest mir einen Mund zu Sprechen
doch ich öffnete ihn nicht
du schenktest mir Augen zu Sehen
doch ich ließ sie geschlossen
du schenktest mir Ohren zu Hören
doch ich benutzte sie nicht
du schenktest mir Beine zu Gehen
doch erst als ich umfiel
schrie ich auf
denn der Schmerz des Eigensinns durchfuhr mich
sah entsetzt in die Welt
denn meine Eitelkeit hatte sie mir zuvor verschlossen
und lauschte deiner Stimme
die zu Hören schöner war, als alles was ich kannte
da konnte ich lachen
und die Schönheit deiner Welt bewundern
O Herr, mein Gott
ich danke dir
für jede Sekunde meines Lebens.

Hanna A. Bludau

Das Unglaubliche glauben

Das Unglaubliche glauben
Ohne das Unverständliche verstehen zu können
Ohne das Unsichtbare sehen zu können
Ohne das Unfassbare fassen zu können
Ohne das Unbegreifliche begreifen zu können
Nur mit Hilfe eines alten Buches

Gib uns Zeit, Herr
Lass uns das Unverständliche verstehen
Lass uns das Unsichtbare spürend sehen
Lass uns das Unfassbare erkennen
Lass uns die alten Worte im alten Buch verstehen
Dass wir das Unglaubliche glauben können

Dann können wir mit Dir leben
Dann komm in unsere geöffneten Herzen
Dann wirst Du immer bei uns sein
Dann werden wir immer bei Dir sein
Und unser Glaube wird ewig bleiben
Und wachsen

Hanna A. Bludau

Deine Liebe

Mein Herz gehört dir, mein Liebster,
Doch meine Seele ist Gottes.
Ist mein Wunsch, mich dir hinzugeben, auch groß,
So ist jener, mich Gott hinzugeben, doch größer.

Mein Herr ist Ursache, Sinn und Ziel meines Lebens,
Du aber bist es, der es mir doppelt lebenswert macht.
In dir sehe ich die Vollkommenheit Seiner Schöpfung
Und danke Ihm Tag um Tag, Stunde um Stunde dafür.

Strahlt der Allherrliche Sein Licht mit vielerlei Lampen
In meine Dunkelheit, so bist du die hellste unter ihnen
Und ich lasse mich anziehen von ihr wie ein Insekt.
Von Seinem Licht erleuchtet lieben wir uns.

Gottes Gnade regnet wie ein Schauer auf mich herab,
Unverdient seit ich denken kann
Und bis in alle Ewigkeit.

Unverdient empfange ich durch Ihn auch deine Liebe,
Will sie ehren und erwidern, solang' meine Seele lebt.
Diese aber ist unsterblich.

Hanna A. Bludau

Leben im Moment

Wir träumen
von gestern
Wir fürchten uns
vor morgen
doch gestern
ist vergangen
und morgen
schon da
der Moment
ist das Leben
ein Geschenk Gottes
einzigartig
unersetzbar
nie wieder da
jede Sekunde des Lebens
sollte leuchten wie die Sonne
sollte von Glück überschwemmt werden
sollte vor Wissensdrang zittern
und vor Antworten
auf nicht gestellte Fragen
überlaufen
das größte Geheimnis des Lebens
ist das Leben selbst
und wir haben nur wenig Zeit
um einen minimalen Teil
zu entdecken
zu lüften
zu leben
Heute.

Hanna A. Bludau

Das Licht der Lichter

Ich habe ein Licht gesehen aus einer Richtung, aus der kein Licht kommen kann. Es kann nicht sein, was nicht sein darf. Doch dieses Licht ist schön, lieblich und völlig rein. Bevor es die Welt ganz erleuchtet, hat es sie schon umfasst. Die Menschen rufen: Hier ist das Licht, nein nur hier, nein nur hier, nein nur hier, komm zu mir! Doch es hat sie alle erfasst, bevor sie es erfasst haben. Fast alle Menschen sind gleichgültig, denn aus dieser Richtung ist, nach Meinung jener, kein Licht der Rettung zu erwarten. Aber ich habe es selbst gesehen, es ist möglich! Es strahlt, leuchtet, wärmt und erfasst alle Lebensbereiche. Nein, noch viel mehr! Es ist die lang vergessene Urkraft aller Lebensbereiche selbst, welche sich anschickt, alles wieder ins Gleichgewicht zu bringen. Das Unmögliche wird möglich – durch dieses machtvolle, urewige Licht. Obwohl erst das erste Morgengrauen seines Glanzes wahrzunehmen ist, ist in diesem doch die Kraft der Sonne zu erkennen, welche ganz sicher die ganze Erde erleuchten wird. Dieses Morgengrauen unterscheidet sich erheblich von den Lichtern der Nacht. So ist der Tag, der der Nacht folgt, schon in seinen frühesten Anfängen wahrzunehmen. Und ich sehe, dass sich selbst zu dieser frühen Stunde schon Blüten höchsten Liebreizes geöffnet haben, um das Licht zu empfangen und den Duft des neuen Tages zu verbreiten. Prachtvolle Vögel, die sich hoch in die Luft erhoben haben, um mit ihrem lieblichen Gesang den Himmel mit den Liedern des neuen Tages zu erfüllen. Dies muss der Anbruch des Tages des Herrn der Herrlichkeit sein!

In Freude
Arno Buchheister

Der Zauber des Waldes

Märchenhaft sind deine versteckten Winkel und Ecken, in denen immer ein neues Geheimnis zu vermuten ist. Deine Vertiefungen, Hügel, Steine, Pfützen und Teiche, wo immer ein neues Abenteuer zu warten scheint. Wie beeindruckend die toten alten Bäume, deren Äste wie knochige Finger in den Himmel ragen, und es ist, als wollten sie sich mit diesen krampfhaft am Leben festhalten. Das Licht, das dem Schatten hinterherjagt und immer neue Einblicke in deine verborgenen Schätze gestattet. Oder die Wipfel der Bäume, welche durch den Wind bewegt uns zuzuflüstern scheinen: Du bist ein Teil von uns, ein Teil von uns! Die Vögel, welche von Ast zu Ast springen und singend von deiner Schönheit künden. Und alle anderen Tiere, die du beherbergst und ihnen ein Zuhause bietest. Sie zu beobachten erweckt in uns Mitgefühl, Ruhe, Zuneigung, Neugierde, ja ein Wohlgefühl. Sind wir doch ein Teil von diesem wunderbaren Spiel der Natur. Immer nur ein Teil vom Ganzen. So lass uns deinen Atem, der uns Leben gibt, tief in uns aufsaugen und deine Einheit in der Vielfalt leben jeden Tag, auf dass auch wir geben, was Leben ist.

Arno Buchheister

Wenn der Eiswind weht

Mir ist als ob ich in dieser Welt erfriere; die so kalt gewordene. Oh wie meine Erfrierungen schmerzen! Aber ich soll weiter, ich will voran. Doch mein Körper scheint bei dieser Kälte zu streiken, zu stoppen, zu erstarren.

Meine warme Seele haucht die kalten Teile meines Körpers an. Er beginnt sich zu regen. So labt er sich aus dem unermesslichen Meere der Schmerzen, verzaubert von der eigenen inneren Wärme, die die Liebe zu Gott ist. Welch tiefe Zufriedenheit bei all der Pein.

Seht, der Körper bewegt sich. Auf geht es, treibt ihn voran! Lasst die Peitsche der kalten Macht ihn in Bewegung halten.

Trotz der fürchterlichen Hiebe erstarrt er wieder; fester, kälter und kläglicher als jemals zuvor. Aber dennoch, tief in ihm ein Feuerfest der Wärme, welches glüht und lodert. Und doch äußerlich erstarrt, erfriert er, durch diese tiefe bittere Kälte rings um ihn.

Er ist zufrieden und glücklich bei all dieser Pein. Fühlt er ja eine innere Wärme, die ihn seinen erstarrten Körper vergessen lässt. Hat er doch zuinnerst den Zugang zu der Quelle, die – zur festgesetzten Stunde – die ganze Menschheit erwärmen wird. Sodass kein Mensch mehr mit der eisigen Peitsche des blinden Hasses geschlagen wird und kein frostiger Wind des kalten Materialismus' ihn verfolgt und niederstreckt.

Ist doch das wirkliche Leben das Leben des Geistes und entsteht die wirklich lebensspendende Wärme nur dort. Die Wärme des lebendigen Gottes.

Arno Buchheister

Die Melodie

Der Klang, der Ton, die Melodei.
Lieblich, traurig, Zauberei.
Fröhlich, heiter, ist's vorbei?
Noch lange nicht, es klingt fortan.
Ton für Ton wird sich verbinden.
Gemeinsam ist es gut getan,
den Alltag doch zu überwinden.
So stürmt es und treibt dich voran.

Schon reißt es uns im Nu nach oben,
Gefühle, die im Takt erblühen.
Harmonie, sie ist zu loben.
Am nächtlich' Himmel ist ein Glühen.
Lasst auch die Menschen sich verbinden
in Freundschaft und in Harmonie,
die Grenzen doch zu überwinden.
Dann klingt und tönt es wie noch nie.

Arno Buchheister

Winterzeit

Winterzeit, es ist so weit.
Das Land scheint zu erfrieren,
in dem kalten Schnee und Eis.
Es scheint das Leben zu verlieren,
zu erstarren, wie man weiß.

Es fegt der Wind, man glaubt es kaum,
bringt viel Sturm und Kälte mit.
So bricht er manch verdorrten Baum.
Es opfert sich, was lang schon litt.

Doch keine Angst, es schläft das Leben
nur tief in dem Dornröschenschlaf.
Kommt der Frühling, fühlt man's beben,
vom Kuss der Sonne, der es traf.

Winterzeit, es war so weit.
Erwacht, erwacht, erhebet euch,
die Sonne freudig zu begrüßen.
Vergesst all das verwelkte Zeug.
Eilt ihr entgegen, auf schnellen Füßen.

Arno Buchheister

Hört das Klopfen

Es klopft und klopft.
Lass mich herein,
bring dir herrlich Sonnenschein.

Es klopft und klopft.
Hörst du denn nicht,
dass es Seelenheil verspricht?

Es klopft und klopft
und spricht dich an:
Ach, hättest du ein' Blick getan!

Doch die Tür, sie bleibt verklemmt;
tausend and're Wünsche sie gehemmt.

Es klopft und klopft.
Ist es doch noch da?
Ich fühle es, es ist so nah!

Es klopft und klopft
so zart und fein.
Doch keiner um mich lässt es rein.

Es klopft und klopft
und lässt nicht nach.
Etwas in mir wird jetzt wach.

Öffnet das Tor meines Herzens weit,
der Glanz des Herrn der Herrlichkeit.
Er ist der Puls der neuen Zeit.
Oh diese wonnig Heiterkeit!
Nun endlich war ich doch bereit.

Es klopfte und klopfte
mein eigenes Herz
vor Trennungsschmerz.

Gefunden nun sein inneres Licht,
so schrieb zum Dank ich dies Gedicht.

Arno Buchheister

Das geistige Leben

Einmal noch den Himmel berühren.
Einmal die Freiheit des Geistes verspüren.
Einmal die reine Freude erleben.
Einmal noch nach Höherem streben.
O Herr lass mich leben!
O Herr lass mich leben!

Einmal noch über den Wolken gehen.
Einmal den Glanz der Sonne sehen.
Einmal die Sprache des Geistes verstehen.
Einmal noch den Feinden vergeben.
O Herr lass mich leben!
O Herr lass mich leben!

Einmal noch nach den Sternen greifen.
Einmal die Sehnsucht der Seele begreifen.
Einmal noch steh ich und höre das Beben:
O Herr lass mich leben!
O Herr lass mich leben!

Lasse ruhig meinen Körper vergehen,
doch lass die Seele dein Leuchten sehen.
Lass die geistigen Winde wehen.
Stehe immer mir daneben.
O Herr lass mich leben!
O Herr lass mich leben!

Arno Buchheister

Sonja

Sonnen-Sonja, Sonnenkind,
du verließest uns geschwind.
Vergessen werd' ich nie dein Lachen,
du verstandst das Glücklichmachen.
Wann immer ich nun an Dich denke,
seh' ich allerhand Geschenke.
Die du uns gegeben hast,
weil ein Teil du von uns warst.
Nun bist du im Himmelreiche,
siehst die himmlischen Bereiche.
Glücklich bist du alle Tage,
denn du erkennst die göttlich' Waage,
auf der doch all's gewogen wird.
Was dort besteht, wird nie zerstört.
Habt ihr gehört!
Habt ihr gehört!
Was dort besteht, wird nie zerstört.

Arno Buchheister

Nebelschleier

Des Nebels Schleier, die sich zeigen.
Das Dunkelgrau, was mich umhüllt.
Rings um mich ist nur lautes Schweigen,
denn nichts der Worte mich erfüllt.

O Freude, wo bist du entschwunden,
des reinen Herzens helles Spiel?
Habe noch immer nicht gefunden
der Seele edles, hehres Ziel.

Ein Leuchten seh' ich durch den Schleier.
Ein Strahl erhellt des Dunkels Grau.
Geladen zu der göttlich' Feier,
hör' Gottes Worte, seh' helles Blau.

Sind Schleier nun hinweggerissen,
seh' helles Licht ich überall.
Braucht die Seele nichts mehr missen,
denn Licht bringt Dunkel schnell zu Fall.

Arno Buchheister

Ist das die Friedenstaube?

Eine Taube auf der Kirchturmspitze
erzählt lachend neue Witze.
Ist das die Friedenstaube?
Ich weiß es nicht, aber es ist das, was ich glaube.

Die anderen Tauben hören zu.
Sie lachen laut: „Gurruh, gurruh."
Ist es die Friedenstaube?
Ich weiß es nicht, aber es ist das, was ich glaube.

Die Taube, sie fliegt auf die Straße.
Sie ist, was ich glaube, in hohem Maße.
Ein Auto fährt drüber.
Nun ist sie hinüber.
War das die Friedenstaube?
Ja, sie ist tot, aber nicht, was ich glaube.

Sonja Buchheister (16 Jahre)

Plätzchen

Heut' schreib' ich ein paar Sätzchen
über leck're Plätzchen.
Ich könnt' sie dir auch backen,
doch leider habe ich's im Nacken.
Außerdem fehlt mir die Gelegenheit,
viel besser geht es schon zu zweit.
Nun hab' ich 'ne Idee,
die ist nicht von 'ner guten Fee.
Von mir wird die wohl stammen:
Vielleicht backen wir mal zusammen.

Sonja Buchheister (17 Jahre)

Streit

Ein Streit wird entfacht,
ist es höhere Macht?
Ich fühl' mich, als reicht' ich beiden die Hände,
fühle und fühle, sie sprechen doch Bände.
Jeder an einer Seite, damit sie nicht geh'n,
und frage mich, ob sie's versteh'n.
Sie ziehen, jeder in seine Richtung.
Es tut weh, kein Wort der Entschuldigung.
Sie zerreißen mich
und damit mein Herz.
So fühl' ich mich,
das ist der Schmerz.

Sonja Buchheister (17 Jahre)

Familie

Das Band, welches uns verbindet
Das Band, was niemals schwindet
Es ist viel mehr als nur Blut
Denn darin wohnt ein ganz besonderes Gut

Auch wenn man sich mal windet
Weil es oft so viel mehr schmerzt als bindet
Weiß man doch, was man daran hat
„sie zu schätzen, sie zu ehren"
steht auf diesem einen Blatt
Sie zu verleugnen, das ist nicht gut,
denn alles nur darauf beruht

Man sich trotzdem immer wiederfindet
Weil sie nicht so leicht verschwindet
Auf mich habt ihr auch oft Wut
Drum ziehe ich vor euch den Hut

Dass ihr mich nicht im Stich lasst
und einfach so verschwindet,
das ist es, was bindet
Darauf kann ich vertrauen
Ich kann immer auf euch bauen

Viel mehr als die Kinder einer Brut
Drum zolle ich euch hier Tribut

Sven Buchheister

„Es werde Licht!“

O Sonne, du Lebensspenderin,
Himmelskörper aus Gottes Gnade.
Bestrahlst die Erde seit Anbeginn,
kennst die geheimnisvollsten Pfade.
Du bist der Ausgangspunkt des Lebens
Gott sprach als erstes: „Es werde Licht!“
In dir sucht man Gott nicht vergebens,
du leuchtest in jedes Angesicht.
Vor Gott bleibt wahrlich nichts verborgen.
Er ist das Licht, Er ist die Wahrheit.
Er kennt das Heute und das Morgen.
Erkennst du Ihn, gewinnst du Klarheit.
Gott zu erkennen, anzubeten,
sich Ihm in Liebe zuzuwenden
im Einklang mit Seinen Propheten,
denn alles liegt in Seinen Händen!
Darin doch liegt der Sinn des Lebens
und nicht in des Daseins „Hü und Hott“.
Suchst nach dem Glück sonst hier vergebens,
wahre Liebe kommt allein’ von Gott!
Aus Liebe hat Er uns erschaffen.
Er kennt dein inn’res und äuß’res Sein.
Lass deine Seele nicht erschlaffen,
Gottesfurcht erspart dir manche Pein.
Du – Auge Gottes – o Sonnenlicht,
du Fixstern an Seinem Firmament.
Du mahnst uns ständig an uns’re Pflicht,
sorg’, dass die Menschheit Gott nicht verkennt!

Harald Föhr-Waldeck

Das Leben!

Das Leben zu leben, ist nicht leicht
steter Kampf, bis man das Ziel erreicht.
Das Leben, ob ernst oder heiter
das Leben geht schnell immer weiter.
Das Leben, kaum ist man geboren
geht's einem schnell wieder verloren.

Das Leben erweckt viel Verlangen
oft muss man um sein Leben bangen.
Man weiß nie, was im Leben geschieht
weil man die Zukunft nicht voraus sieht.
Vielem kann man oft nicht ausweichen
vieles lässt sich oft nicht erreichen.

Das Leben bringt uns oft in Gefahr
und viele Träume werden nicht wahr.
Das Leben hält uns immer auf Trab
mal geht es bergauf und mal bergab.
Mal ist man gesund und manchmal krank
mitunter erntet man auch Undank.

Ja, das Leben ist ein Wechselspiel
wie oft erwartet man auch zu viel
von den Menschen und auch vom Leben
es ist ein Nehmen und ein Geben.

Wie immer wir uns dreh'n und wenden
mit Sicherheit wird es mal enden.
Und d'rum, bei all dem Hü und Hott
verliert eure Liebe nicht zu Gott.

Erkennet Ihn und betet Ihn an
dass Er uns leiten und lenken kann.

Zieht euren Willen nicht Seinem vor
leiht den Offenbarer euer Ohr.
Folgt getreu Seinen Geboten
versucht, das Leben aus-zu-loten.

Es ist leichter gesagt als getan
doch es bewahrt uns vor Trug und Wahn
vor all den Scheinbildern dieser Welt
die uns fernhalten vom Himmelszelt.
Die uns vor schlechtem Tun bewahren
seid euch darüber stets im Klaren.

Gottes Liebe wird niemals enden
Er will, dass wir uns Ihm zuwenden
dass wir die Prüfung hier besteh'n
und gottesfürchtig durchs Leben geh'n.

Hier tummeln sich viele Mächtige
doch Gott ist wahrlich der Mächtigste.
Die Mächtigen hier kommen und geh'n
die Macht Gottes bleibt ewig besteh'n.

Sucht d'rum hier nicht nach dem falschen Glück
zu Gott kehren wir wieder zurück.
Hier leben wir alle nur auf Zeit
Gott führt uns dann in die Ewigkeit.

Harald Föhr-Waldeck

Ein Tag

Ein Tag wie jeder andere?
Oh nein, ein jeder Tag ist neu.
Wohin ich immer wandere
die Tage bleiben mir stets treu.
An einem Tag kam ich zur Welt
an einem Tag werd' ich sterben.
Ich habe mich der Welt gestellt
überlasse sie den Erben.
So ändert sich immer was neu
im täglichen Zeitgeschehen.
Das ist's woran ich mich erfreu'
denn die Welt liegt in den Wehen.
Jede Nacht unterbricht den Tag
jeder Tag unterbricht die Nacht.
Die Sonne erhellt jeden Tag
und der Mond erstrahlt jede Nacht.
So geht es zu jedem Land
und jeder Tag beginnt auf's Neu.
Doch alles liegt in Gottes Hand
bleib' du Ihm und dir selber treu.

Harald Föhr-Waldeck

Kommen und Gehen

Man wird in diese Welt geboren
ein jeder wohl zu seiner Zeit?
Erst fühlt man sich hier recht verloren
doch bald macht sich die Neugier breit.
Man will verstehen, muss viel lernen
von Eltern, Lehrern, wer es sei.
Doch: vieles steht schon in den Sternen
beginnt schon mit dem ersten Schrei!
Gott gab uns unser'n freien Willen
selbst entscheidend auch zu leben.
Folgt nicht alsbald den falschen Grillen
die hier ihr Geschrei erheben.
Gebraucht Körper, Seele und den Geist
gebraucht vor allem den Verstand.
Macht, das Gott euch Seine Gunst erweist
ergreift Seine schützende Hand!
Verfallt nicht irdischen Trug und Wahn
dem Scheingebilde dieser Welt.
Gleitet nicht ab von Göttlicher Bahn
das Er für Euch die Weichen stellt.
Verlasst euch nicht auf irdisches Glück
bleibt Ihm in Liebe zugetan.
Wir alle kehren zu Ihm zurück
bleiben Ihm ewig untertan.

Harald Föhr-Waldeck

Ideen

Im Herbst können Ideen reifen
d'rum lass' ich die Gedanken schweifen.
Sie führen mich in weite Ferne
in die Unendlichkeit der Sterne.
Geist und Gefühl sind dann hellwach
unter Gottes ausgespanntem Dach.
Hier endet alles irdisch' Denken
mög' Gott mir mehr Geistigkeit schenken.
Denn wir sind geistige Geschöpfe
nicht nur irdische Sauertöpfe.

Harald Föhr-Waldeck

Wie viele Menschen

Wie viele Menschen sind willensschwach?
Wie viele Menschen haben ein „Ach?"
Wie viele Menschen haben kein Ziel?
Wie vielen Menschen fehlt der Lebensstil?
Wie viele Menschen leben so dahin?
Wie vielen Menschen fehlt der Lebenssinn?
Wie viele Menschen quält seelische Not?
Viele Menschen sind hier bereits tot.
Wie viele glauben nicht mehr an Gott?
Wie viele Menschen sind geistig bankrott?
Wie vieles könnt' man noch erwähnen?
Schluss damit, mir kommen sonst Tränen.

Harald Föhr-Waldeck

Die zweite Sintflut!

Die Gletscher schmelzen, das Wasser fließt
zugleich vom Himmel es sich ergießt.
Vom Meer her kommt die tödlich Flut
entreißt den Menschen ihr Hab und Gut.

Sintflutartig breitet sie sich aus
überspült vielen Menschen das Haus.
Es herrschen die Naturgewalten
sie lassen sich durch nichts aufhalten.

Dieses Mal nicht von Gott so gewollt
die Menschheit ihren Tribut hier zollt.
Denn: Sie hat es selber verschuldet
die Natur hat es lang erduldet.

Raubbau wurde mit ihr getrieben
die Schäden sind nicht ausgeblieben.
Und nun, anstatt sich zu besinnen
um mit der Umkehr zu beginnen
um noch viel Schlimm'res zu verhüten
schlägt der Kommerz hier seine Blüten.

Wer will schon auf das Öl verzichten?
Die Wälder immer mehr sich lichten.
Die Gewässer sind schon arg verschmutzt
Äcker werden nicht (mehr) richtig genutzt.

Wie viele Menschen mussten sterben
was/wer schützt uns noch vor dem Verderben?
Nur eines bleibt uns noch in der Not
das ist die Rückbesinnung auf Gott!

Vielleicht hilft Er nochmals uns Toren
denn ohne Ihn sind wir verloren.
Erkennet Ihn und betet Ihn an
damit Er uns helfend retten kann.

Gott hat die Schöpfung uns zugedacht
und was haben wir aus ihr gemacht?
Vielleicht gibt Er uns nochmal 'ne Chance
und bringt alles wieder in Balance?

Doch den ersten Schritt müssen wir tun
wir dürfen nicht rasten und nicht ruh'n.
Wir dürfen keine Zeit verlieren
unser Verhalten korrigieren.

Ja, das ist das Gebot der Stunde
verkündet es aus aller Munde.
Lasst ab vom irdischen Trug und Wahn
ein neues Zeitalter bricht sich Bahn.

Baha'u'llah ist ihr Verkünder
zeigt uns den Weg, uns armen Sündern.
Ergreift – spricht Er – die Gelegenheit
es gibt nichts and'res mehr, weit und breit.

Stärkt euren Geist und eure Glieder
denn: Die Gelegenheit kommt nie wieder!
Nehmt diese Worte euch zu Herzen
wir haben nichts mehr zu verscherzen.

Harald Föhr-Waldeck

Wo könnte die Menschheit heute sein,

wäre sie Gott stets treu geblieben?
Wo könnte die Menschheit heute sein?
Im Paradies, unübertrieben!
Wo könnte die Menschheit heute sein,
hätte sie die Lehren beachtet?
Wo könnte die Menschheit heute sein?
Sie fühlte sich frei, nicht umnachtet!
Wo könnte die Menschheit heute sein,
hätte sie sich den Frieden bewahrt?
Wo könnte die Menschheit heute sein?
All' die Kriege blieben ihr erspart!
Wo könnte die Menschheit heute sein,
hätte sie nicht Grenzen gezogen?
Wo könnte die Menschheit heute sein,
hätte sie sich nicht selbst betrogen?

Harald Föhr-Waldeck

Die alte Ordnung

Viele Menschen leiden große Not?
Wie viele Menschen haben kein Brot?
Wie viel' Menschen sind unheilbar krank?
Wie viel' Menschen sind finanziell blank?
Wie viele Menschen sind arbeitslos?
Bei ihnen liegen die Nerven bloß!
Viel' Jugendliche nehmen Drogen,
werden um ihr Leben betrogen (durch Selbstverschulden).
Wie viele Menschen sind hoffnungslos?
Frage: Woher kommt das alles bloß?
Nun, das ist die Unzufriedenheit
und die mangelnde Gerechtigkeit.
Die alte Ordnung hält nicht mehr stand,
Baha'u'llah reicht uns Seine Hand.
Das Leben nimmt stets seinen Verlauf,
die alte Ordnung, sie löst sich auf.
Die neue Ordnung wird aufgerollt,
denn der Herrgott hat es so gewollt.
Baha'u'llah ist Sein Verkünder,
ein Hoffnungsschimmer auch für Sünder.

Harald Föhr-Waldeck

„Allein diese Vollendung kann das Fundament für die neue Welt-
ordnung, wie sie Baha'u'llah vor Augen stand, legen – eine Welt-
ordnung, die, wenn auch nur schwach, auf Erden den unbeschreib-
lichen Strahlenglanz des Reiches Abhá widerspiegeln wird."

Jeder glaubt

Jeder glaubt, und doch ist er seiner Sinne beraubt!
Jeder zweifelt, und doch hofft er der Gemeinsamkeit!

Die Welt zeigt alle Verwirrung!
Die Welt neigt zu Uneinigkeit!

Die Lösung ist die Einigkeit in Frieden und Freundlichkeit!
Legen wir ab unseren Zwist und Streitigkeit!

Otmar Heinkel

Mein Schöpfer

Der Herr ist mein Hirte, der mein Herz berührt,
der mich aus Not und Elend und tiefer Trauer führt.
Er ist der Schöpfer aller Dinge, der Schöpfer dieser Welt.
Im Großen und im Kleinen tut er, was uns gefällt.

Ich liebe meinen Schöpfer so sehr,
ich lebe meinen Schöpfer immer mehr,
bin so frei, bis in alle Ewigkeit.
Ich liebe meinen Tröster so sehr,
ich lieb' meinen Erlöser immer mehr,
bin so frei, bis in alle Ewigkeit.

Nehmen Not und Elend jemals überhand,
hat mein Herr der Schöpfer sie in seiner Hand.
Seinen Sohn Jesus Christus hat er zu uns gesandt,
er ist mein Erlöser und hält mich bei der Hand.

Ich liebe meinen Schöpfer so sehr,
ich liebe meinen Schöpfer immer mehr,
bin so frei, bis in alle Ewigkeit.
Ich liebe meinen Tröster so sehr,
ich lieb' meinen Erlöser immer mehr,
bin so frei, bis in alle Ewigkeit.

Daniil Ivanov

Nicht aus dieser Welt

Ich bin cool, doch irgendwie auch seltsam,
ein Rapper der nicht aus dieser Welt stammt,
ich bin anders, doch irgendwie auch schwer zu verstehen
und doch ist mein Rapptalent nicht zu übersehen,
ich suche nach dem Sinn des Lebens, nach der Identität,
auch wenn ich nicht der Typ bin, der ganz oben steht,
trotzdem werde ich meinen Kopf nicht hängen lassen,
schließlich gibt es Menschen, die zu mir passen.

Ich bin ein Rapper nicht aus dieser Welt,
ich bin ein Mensch aus einer anderen Galaxie,
ich liebe die Magie, die Melodie und die Musik,
mit der mein Wunsch in Erfüllung geht.

Ihr zeigt mit euren Disstracks eure Intelligenz,
doch wenn ihr mich fragt, will ich mit euch
keine Konkurrenz,
ich kenne viele Rapper, die auf Disstracks verzichten,
weil sie wissen, dass Kraftausdrücke alles vernichten,
ihr wollt Krieg, ich aber bin für Frieden,
es ist jeder verschieden,
trotzdem soll man sich lieben.
Wenn es kein' Frieden gäbe, dann gäb' es auch kein Leben
und wenn's kein Leben gäbe, dann würden wir sterben.

Ich bin ein Rapper nicht aus dieser Welt,
ich bin ein Mensch aus einer anderen Galaxie,
ich liebe die Magie, die Melodie und die Musik,
mit der mein Wunsch in Erfüllung geht.

Wenn ihr mich fragt nach meinem Wunsch,
nach meinem Musikstil,
sage ich, dass ich nicht wie andere Rapper werden will,
ich bring euch alle zum Schweigen
und will mit meinen Texten zeigen,
dass ich sie nicht dazu verwende,
um andere Leute zu kränken,
ich würde jeden Menschen schätzen,
auf keine Art verletzen,
ich will niemand beleidigen,
nicht mal zu meiner Verteidigung,
drum kann ich Disstracks nicht leiden
und will sie möglichst meiden.
Ich werde Rappertexte schreiben
und für die wird man mich beneiden,
ihr könnt mein' Stil nicht ändern,
nicht für 'ne Menge Geld,
ich werde niemals so wie ihr,
denn ich bin nicht aus dieser Welt!

Ich bin ein Rapper nicht aus dieser Welt,
ich bin ein Mensch aus einer anderen Galaxie,
ich liebe die Magie, die Melodie und die Musik,
mit der mein Wunsch in Erfüllung geht.

Daniil Ivanov

Pazifist

Wie soll es mit meinen Songs weitergehen,
wenn mir die Texte einfach entgleiten,
wie wird mein Leben in der Zukunft aussehen,
wer wird mich später einmal begleiten,
wie komm' ich mit Menschen klar,
die mich nicht verstehen
und die ich auch nicht verstehen werde,
wann fangen wir an, auf unsere Fehler zu sehen,
wie wird das Leben hier auf dieser Erde?

Ich bin da auf der Welt,
von Gott gesandt, um Songs zu schreiben,
bin ein Träumer, ein Romantiker, ein Held,
ein Naturtalent, um Worte zu reimen.

Was Medien betrifft, wär' ich Journalist,
dann bestünden meine Zeilen nur aus Reimen,
ich dichte, seit ich Kind bin, seit ich reimen kann,
das Reimen ist mein Leben und ich glaube daran,
ich bin ein Pazifist, das schon einmal erwähnt,
wie Bertolt Brecht bin auch ich einer,
der den Krieg ablehnt.

Ich bin da auf der Welt,
von Gott gesandt, um Songs zu schreiben,
bin ein Träumer, ein Romantiker, ein Held,
ein Naturtalent, um Worte zu reimen.

Will später einmal die Welt verändern,
die Welt, die aus einem Puzzle besteht,
fällt ein Teil, passt eins nicht zum Bild,
dann wird auch gleich der Krieg gewählt,
ich leb' in einem Land, in dem die Freiheit gewährt ist,
wo jeder seine Meinung sagen kann,
bei uns sind Waffen lediglich die Notwehr,
falls jemand nicht mehr fair handeln kann.

Ich bin da auf der Welt,
von Gott gesandt, um Songs zu schreiben,
bin ein Träumer, ein Romantiker, ein Held,
ein Naturtalent, um Worte zu reimen.

Bin ein Träumer, ein Romantiker, ein Held,
ein Naturtalent, um Worte zu reimen.

Daniil Ivanov

Leben und Tod

Jeder lebt nur einmal und nicht zweimal.
Auf keinen Fall gibt es einen Ausnahmefall.
Denn hier auf Erden wird unser Leben bald enden.
Diese Botschaft will Gott uns senden.
Das Leben der Seele sei unendlich,
so etwas ist für uns selbstverständlich.
Unser Körper lebt nicht ewig,
es ist nur ein Augenblick,
wir haben Glück,
dass unsere Seele weiterlebt!

Leben, geben, streben und vergeben,
irgendwann kommt der Tod
und wir müssen uns ergeben,
wir sind näher zu Gott, in einer anderen Welt:
ein Leben ohne Hass, ohne Streit und ohne Geld.

Ein Kind ist auf der Welt neu geboren,
mit Augen, Beinen, Armen, Herz und Ohren,
es ist in dieser Welt nicht verloren,
denn es kann atmen, fühlen, sehen und hören:
Mit der Zeit, wenn die Tugenden wachsen,
mit der Zeit wird man reif und erwachsen.
Man wird alt, die Leistungsfähigkeit lässt nach.
Man ist bereit für den Tod und das Leben danach.

Leben, geben, streben und vergeben,
irgendwann kommt der Tod

und wir müssen uns ergeben,
wir sind näher zu Gott, in einer anderen Welt:
ein Leben ohne Hass, ohne Streit und ohne Geld.

Wie wird das Leben im Himmel aussehen?
Werden wir fliegen, schwimmen oder gehen?
Werden wir die Verstorbenen sehen?
Es wird geschehen,
was wir jetzt nicht verstehen.

Manche stellen sich vor das Paradies
oder die Hölle mit Teufeln, richtig mies.
Werden uns die Engel auf der Harfe spielen?
So etwas glauben von uns zumindest viele.

In jedem Fall wird die Seele weiterleben,
daher sollte man sein Leben nicht aufgeben.
Das Leben auf der Erde ist nur ein Augenblick,
wir haben Glück, dass unsere Seele weiterlebt!

Leben, geben, streben und vergeben,
irgendwann kommt der Tod
und wir müssen uns ergeben,
wir sind näher zu Gott, in einer anderen Welt:
ein Leben ohne Hass, ohne Streit und ohne Geld.

Daniil Ivanov

Ich habe keine Angst

Ich habe keine Angst, wenn du bei mir bist, mein Jesus.
Du bist mein größter Schatz, du bist mein Erlöser.
Wo immer ich auch bin, du bist mir so nah,
in Frieden und Harmonie – Jesus, du bist da.

Ich habe keine Trauer, wenn du bei mir bist, mein Jesus.
Du gibst mir so viel Power, du bist mein Erlöser.
Wo immer ich auch bin, du bist mir so nah,
in Frieden und Harmonie – Jesus, du bist da.

Ich habe keine Wut, wenn du bei mir bist, mein Jesus.
Du gibst mir so viel Mut, du bist mein Erlöser.
Wo immer ich auch bin, du bist mir so nah,
in Frieden und Harmonie – Jesus, du bist da.

Ich habe so viel Mut, wenn du bei mir bist, mein Jesus.
Du tust mir richtig gut, du bist mein Erlöser.
Wo immer ich auch bin, du bist mir so nah,
in Frieden und Harmonie – Jesus, du bist da.

Daniil Ivanov

Erlebnisse

Heut' ist der erste Dezember, es ist ein Jahr,
seitdem ich nach Heilbronn gezogen bin, das ist wahr,
ich blick' zurück, von der Vergangenheit
bis zur Gegenwart verging 'ne lange Zeit.
Meine Erlebnisse schreibe ich auf ein Blatt Papier,
das vor mir liegt. Ich spiel mein' Text auf dem Klavier.
Ich rappe es vor allen, sodass mich die Leute hören.
Ich kann nicht aufhören, meine Gedanken zu schreiben,
so wie manche drüber reden,
tue ich einfach darüber schreiben.

War ich der Rappstar, der Pianist,
der Optimist, Pessimist oder Realist,
war ich der Gentleman oder Langweiler,
der Schachspieler oder der Zeilenschreiber,
der Streber in der Schule oder ein Versager,
hatte ich als guter Rapper viele Texte auf Lager?
Ich kenn' zwei Rapper aus Istanbul,
die machten mich zum Star, das find' ich cool.
Ich hab' 'ne Band, die ihr zwar noch nicht kennt,
weil ihr nur Disstracks hört und den Deppen nachrennt.
Ich kenn' Bodo Wartke, den besten Pianisten,
ich find', dass sein Kabarett „Ja, Schatz" das Beste ist.
Ich spiel das Lied auf dem Klavier und kann es bereits gut,
ich will's zur Abschlussfeier spielen,
doch dazu brauch' ich Mut.

Was ist passiert in diesem Jahr,
ist die Geschichte wahr oder nur scheinbar?
Ich blick' zurück, von der Vergangenheit
bis zur Gegenwart verging 'ne lange Zeit.
Meine Erlebnisse schreibe ich auf ein Blatt Papier,
das vor mir liegt. Ich spiel mein' Text auf dem Klavier.
Ich rappe es vor allen, sodass mich die Leute hören.
Ich kann nicht aufhören, meine Gedanken zu schreiben,
so wie manche drüber reden,
tue ich einfach darüber schreiben.

Ich hatte viele Plagen, hatte Angst zu versagen,
hatte 1000 Fragen,
die mir auf dem Herzen lagen.
Ich stand beim Schachturnier nicht schlecht,
kurz vor dem Pokal.
Das Leben ist nicht gerecht,
denn dieses Mal
hab' ich ihn leider nicht gekriegt. Es wäre einfach genial,
so ein' Pokal in meiner Hand zu halten.
So 'ne Chance hatte ich vielleicht nur ein einziges Mal!

Ich hab' mein Eurokom nicht schlecht gehalten,
zumindest denke ich mal so, es wird sich zeigen.
Ich wollt' der beste Schüler sein,
doch die Idee ist gescheitert.
Wenn ich nicht lerne,
muss ich eben mal ein Durchschnittsschüler bleiben!

Vielleicht versuche ich mich zu sehr
mit den anderen zu vergleichen
und überall das Höchste zu erreichen.
Es fällt mir schwer, mein Leben zu nehmen, wie es ist!
Ich wäre nicht nur ein Pianist und ein Schachmatist,
sondern auch ein Optimist, der sich sagt:
„Nimm dich, wie du bist!"

Was ist passiert in diesem Jahr,
ist die Geschichte wahr oder nur scheinbar?
Ich blick' zurück, von der Vergangenheit
bis zur Gegenwart verging 'ne lange Zeit.
Meine Erlebnisse schreibe ich auf ein Blatt Papier,
das vor mir liegt. Ich spiel mein' Text auf dem Klavier.
Ich rappe es vor allen, sodass mich die Leute hören.
Ich kann nicht aufhören, meine Gedanken zu schreiben,
so wie manche drüber reden,
tue ich einfach darüber schreiben.

Ich könnte noch mehr schreiben, aber meine Feder
ist kaputtgegangen. So eine Feder hat nicht jeder!
Nur ich, Young Rapper King, habe es verdient,
mit dieser Feder zu schreiben.
Doch nun lasse ich es bleiben,
weil meine Geschichte hier ein Ende nimmt.

Daniil Ivanov

Trau dich

Dieses Lied ist für dich,
also trag's in deinem Herzen.
Dieses Lied schenk ich dir,
also nimm es als Geschenk.
Denke nach, was dich bremst
und was dich daran hindert,
wirklich das zu sein, was du willst.

Jeder Tag ist ganz neu
und du veränderst dein Leben.
Doch du merkst, es sind Schwächen mitten in dir.
Doch dein Herz will, dass du
dich um die Probleme kümmerst,
denn sie sind nun mal ein Teil von dir.

Trau dich hier, trau dich jetzt,
trau dich, positiv zu denken.
Trau dich hier, trau dich jetzt,
trau dich, positiv zu fühlen.
Du bist du, hier und jetzt,
und du solltest Freude strahlen,
denn du bist ein Mensch
mit einem freien Willen!

Jedesmal, wenn du denkst,
dass du Kummer oder Leid hast,
lass es zu, aber gib diesem keine Energie.
Atme tief und lass alle Probleme aufsteigen,
lass sie los und dann verschwinden sie.
Jedesmal immer mehr,
willst du wahres Glück empfinden.
Doch dein Kind tief in dir
will dich davor blockieren.
Sag ihm, dass du dich freust,
denn du willst wahre Liebe finden.
Hab' keine Angst zu expandieren.

Trau dich hier, trau dich jetzt,
trau dich, positiv zu denken.
Trau dich hier, trau dich jetzt,
trau dich, positiv zu fühlen.
Du bist du, hier und jetzt,
und du solltest Freude strahlen,
denn du bist ein Mensch
mit einem freien Willen!

Daniil Ivanov

Und alle Menschen

Du bist der Schöpfer bis in die Ewigkeit,
hilfst uns Menschen jederzeit,
gibst uns Menschen deine heil'ge Kraft,
mit deiner Hilfe haben wir viel geschafft.

Heilige Schriften erzählen von deiner Gegenwart,
Religionen von deiner Präsenz.
Alle Propheten bezeugen deine Existenz,
das macht eben jeder auf seine Art.

Und alle Menschen, ob Juden, Christen,
Moslems oder Bahais
kommen zu dir und beten dich an,
weil du der Schöpfer bist,
weil du uns nie vergisst,
weil du uns liebst, Herr, du bist wunderbar!

Voller Probleme steht unsere Welt vor dir.
Ein' Augenblick lang dachten wir, es geht nichts mehr.
Andern zu helfen, das wäre, was du von uns willst,
wir bitten um Beistand, bitte lieber Herr!

Gib uns dein' Segen, und es wird keinen Krieg mehr
geben.
Zeig uns ein Wunder, und alle werden satt!
Was müssen wir tun, um deinen Willen zu vollbringen?
Zeig uns den Weg in die Friedensstadt.

Und alle Menschen, ob Juden, Christen,
Moslems oder Bahais
kommen zu dir und beten dich an,
weil du der Schöpfer bist,
weil du uns nie vergisst,
weil du uns liebst, Herr, du bist wunderbar!

Daniil Ivanov

Anruf an Gott

Wenn du mich hören kannst, mein Gott,
wenn du mich sehen kannst, mein Gott,
wenn du mich fühlen kannst, mein Gott,
dann komm zu mir!

In deiner Gegenwart steh' ich,
fühle mich gut und denk' an dich,
bete dich an und liebe dich,
und mein Herz brennt nur für dich!

Gebe mein Leben für dich hin,
du gibst meinem Leben einen Sinn,
gehe mit dir an deiner Hand
in das gelobte Land!

Daniil Ivanov

sehnsucht

ich wünsche mir zeit und geduld
als freunde
um zuversicht in das eigene tun zu finden
und unabhängige gemeinschaft –
eine anspruchsvolle suche
eine tägliche bescheidene sehnsucht
erneuert in jeder begegnung

Hans J. Knospe
(aus meinen Tagebüchern, 1976)

es sprudelt
aus mir heraus

die worte
bündeln sich zum fluss
die quelle zeigt sich stark

es kommen
die menschen
und halten ihre hände
zur schale geformt
zu löschen ihren durst

es werden
die wasser versiegen
mein atem vergeh'n
geborgenheit
findet zu sich selbst

es spricht
der zuhörer
es schreibt
der leser
ruhe lehnt sich an stille
schönheit schweigt
schon reicht – ein tropfen

Hans J. Knospe

ERWACHEN

die Himmel glühen
zu allen Farben des Seins
als der Hahn krähte

ERFAHRUNG
ERLEBEN

die Himmel rufen
zu allen Horizonten
Sehnsucht nach Schweigen

ERKENNTNIS
ERLEUCHTUNG
SEIN

Träume werden wahr
ewig klingen die Meere
die Sonne ist da

BAHÁ'U'LLÁH

Hans J. Knospe
(Maui/Hawaii 1982)

Lugano

die sonne am Monte Céneri
bringt die wärme zurück
die der mistral nahm in der Camargue
der blaue himmel ist der gleiche

ich finde die worte wieder
im schweigen
die bücher reichen mir bereitwillig
ihre hände
in ruhe sehe ich meinen freunden zu
den bäumen
bis unter schneebedeckten gipfeln stehen sie
vielsagend

reich macht es – sein geld auszugeben
um den weg zu finden – in die leichte tiefe
zu sich selbst

qualvoll kann der genuss sein
wenn wir versäumen – seine vorbereitung zu erleben –
mit geduld erst
lernt auch der schönste vogel seinen flug

ein königreich für einen frühlingstag
nach kalten regnerischen nächten
ich seh' die welt mit meinen augen
mag's eitel sein – was stört mich solch geschwätz
da fliegt ein schmetterling
denkt ebenso
versteht mich wohl
und fliegt davon

Hans J. Knospe

Am Anfang stand
die Frage

... fragen wir, warum wir fragen
und alle diese fragen haben –
wir werden nicht viel weiterkommen
weil wir nicht weiterkommen sollen

der sinn des ganzen?
wo anfang – wann ende?
wie arm ist der, der die antwort fände
was könnte er machen – was sollte er tun –
garnichts – als nur noch auszuruh'n

wer nicht mehr fragt –
ist fast schon tot
wie jesus christ – der superstar
ist gott jetzt schwarz –
oder ist er rot? –
dein nachbar hat auch langes haar

und was heißt schon tot –
in diesem falle?
und was heißt gott, dies unklare wort?
dem anderen helfen –
gilt doch für alle
d i e sprache versteht man an jedem ort

wer gott begreift – hat nichts begriffen
wer den menschen sieht – begreift viel mehr
dass dies notwendig ist und wär'
bald werden wir es lernen müssen

es gibt keine frage nach gott
es gibt nur die frage:
ist das gute in mir tot?

am ende steht die frage – und –
die frage ist gut

vielleicht ist gott das gute – die frage –
die frage – das gute –
gott – frage – gute
frage –
?

Hans J. Knospe

(veröffentlicht in der kath. Jugendzeitschrift „Blickpunkt",
Heft 7, 1972, Stuttgart – Bad Cannstatt)

die anderen

sind auch nicht besser dran
mit ihren sorgen nöten ängsten
beklage dich
du eig'nes wesen
nur nicht so sehr
bevor du vor den spiegel trittst
dein herz find'st du dort nicht
und auch nicht deine schmerzen
in tausend scherben zerplatzt das glas
und narben hinterlässt dann jede wunde
kennst du nur wenig von der welt
begreifst du auch nur eine stunde –
voll stille – die der taube hört
und in dem licht – in das der blinde sieht
mit schnelligkeit – die in dem lahmen steckt

gewonnen hast du erst
wenn deine zunge stumm
und deine hände reglos
dein geist dich ganz verlässt
lass doch die einen dann noch beten
sie flehen hilflos – mit hoffnung – vielleicht
sie mögen's tun
ich bleib' allein
begegne mir
und manchem anderen
vielleicht auch dir –
könnt ich's doch wünschen:
in dir
dem anderen!

Hans J. Knospe

❦

Angeregt und mit Dankbarkeit empfunden
für zwei kleine Buchtitel:
„Freundschaft macht das Leben schön" /
Die schönsten Dichterworte / Pendo-Verlag und
„Jemand hat mir zugelächelt" / Für Zeiten der Einsamkeit /
von Maria Stiefl-Cermak / Brunnen-Verlag

Zwei Themen sind's,
die mich in diesen Tagen
und vielen vergangenen Jahren
beschäftigen ... *

... eigentlich zwei Worte nur:
Einsamkeit und Freundschaft;
doch sie betreffen die ganze Welt
und ein ganzes Leben.

Zeiten der Fülle
und Zeiten der Stille,
frohe Zeiten
und Zeiten sinnvollen Reifens.

Ängstliche Zeiten
und ausgelassene Zeiten,
hoffnungsvolle Zeiten
und Zeiten tiefer Sehnsucht.

Alles in diesen zwei Worten –
und doch gibt es ein drittes Wort,
das nicht fehlen darf bei a l l e n Fragen.
Ich will es gerne,
aber nur leise sagen:
Liebe.

Hans J. Knospe

* bevor ich 74 werde im Dezember 2014

sonnenaufgang am grand canyon
(„Poesie in Stein")

noch liegt der mond am sternenhimmel
als sichel
und sichtbar auch sein voller kranz
die nacht war klar
und kalt
sie ist es noch
es ist so gegen sieben
am „hopi point"
bald ist november
der canyonrand im osten
beginnt sich zu verfärben
ganz zart
ein schwaches rot
blassblau – der horizont
dunkler noch – der himmel
darunter hart und schwarz
der canyon
das farbenspiel beginnt so sanft
die sterne verblassen
am himmel weicht die nacht
der canyon zeigt sein zweites gesicht
mit langsam erkennbaren formen
stärker – leuchtender
wird aus dem blassen rot
ein leuchtendes orange

nur noch schwach liegt die mondsichel
am hellblau werdenden himmel
im canyon wird jetzt auch die tiefe
und der flusslauf erkennbar
die felswände
mit ihren vielen abstufungen
und schichten
zeigen sich unverändert
seit jahrtausenden
und mehr
ein tag ist da
der feuerball erscheint
und plötzlich
hat sich das ganze bild gewandelt:
das licht
die farben
der gewaltige canyon
der winzige mensch
alles wird zum unbeschreiblichen
schweigenden
mitfühlen und erleben

Hans J. Knospe

freundschaft

freundschaft – ist wie ein großer fluss
der städte und dörfer
seen und wälder
berge und meere verbindet
freundschaft heißt:
dauernd in bewegung und offen sein
für die gefühle der menschen
ihre blicke sehn – ob traurig
freundlich oder gleichgültig
ihr tun beachten
ob helfend oder verletzend
ihrer sprache zuhören

freundschaft
hebt die sorgen auf
und trägt dich
wie ein geschenk
freundschaft macht dich frei
und dein herz froh
freundschaft
macht dein herz immer freier und weiter ...

Hans J. Knospe

Die Stimmheillehrerin

Stimme heilen? –
Also bei der Seele verweilen

Stimme – das ist der ganze Mensch
und noch mehr

Gott, hier hol' ich dich her

<u>**Übung**</u>

Atme aus
       ganz
          tief

Spürst du den Atem, wie er jetzt fließt?

Ganz ruhig

     werde locker

       lass dich los

Du kannst nur fallen in Seinen Schoß

Irmgard Kümmel

Das unbeschriebene Blatt und der Schutzengel

Gerade 16 Jahre alt geworden,
ich war noch ein unbeschriebenes Blatt,
da starb meine Mutter schon (1960).
Mein Vater war lange vorher schon tot,
lebendig tot; nach dem Krieg.

Sprüche von meiner Mutter
habe ich heute noch im Ohr:
Sei höflich und nett und lern' immer gut.
Vergiss nicht, die Einheimischen haben auf uns
immer noch Wut.
Wir müssen ihnen zeigen,
dass auch wir gute Menschen sind.
Und merk' dir eins: Niemals lügen darfst du mein Kind!
(„Wer einmal lügt, dem ...")

Dann erinnere ich noch, dass sie sagte:
Was für ein' Schutzengel musst du haben,
der dich wieder ins Leben getragen,
nachdem du auf der Flucht verhungert,
in meinen Armen gestorben bist.
Nicht auszudenken, wenn ich dich heut' nicht hätt'!

Also lehrte sie mich beten:
„Schutzengel mein,
lass mich dir anbefohlen sein,
in allen Nöten steh' mir bei
und halte mich von Sünden frei.
An diesem Tag, ich bitte dich,
beschütze und bewahre mich. Amen"

Irmgard Kümmel

Entscheidungen

Entscheiden musste ich mich für einen Beruf
mit 13 Jahren schon (1957).
So lernte ich, ich wusste nicht was,
ich lernte einfach mal Textilfachverkäuferin
in einem großen Jugendkaufhaus;
dort nämlich war es so schön warm.

Und kurz vor dem Abschluss sagte man mir:
Du willst doch nicht wirklich ausüben den Beruf?
Merkst du denn nicht,
du trägst das Zeug zur Lehrerin in dir!

Ich – Lehrerin? Studieren?
Nun ja, ich war ein Arbeiterkind.
Welch' Ehre für mich,
dem ehemaligen Flüchtlingskind.

Ich hatte Glück;
Kirchenaustritt war in dem Jahr (1961) nicht gefragt.
Nur später mussten wir unterschreiben,
dass wir kein Westfernsehen seh'n.
Keine Sorge; ich brauchte nicht zu lügen,
denn ich hatte gar keinen Apparat.

Nie vergessen werde ich den ersten Tag
meiner Immatrikulation,
denn erst jetzt erfuhr ich, wo ich gelandet schon:

„Wir sind stolz, Rote Hochburg genannt zu werden! ...“
Diese Worte, diese Stimme brannten sich ein
in mein Hirn.
Ich saß da wie ein begossener Pudel,
das Herz in der Hosentasche,
ich fühlte mich elendig klein.

Das Studium machte mir dann doch noch Spaß,
besonders die Philosophie,
die marxistische, versteht sich,
eine andere lehrte man uns nie.

Und dann? Dann fand „man“ mich reif,
reif für die SED.
Ich erschrak; eine Partei,
die von Transparenten verkünden ließ,
„Ohne Gott und Sonnenschein bringen wir die Ernte ein!“
–
eine solche Partei sollte die meine sein?!

Samstag für Samstag wurde ich zum Direktor zitiert.
Ich wurde krank; meine Seele war ausgedorrt, lädiert.
Die Gemeindeschwester besuchte mich
(sie kannte mich schon als Kind) und sprach:
„Ach Mädel, warum quälst du dich?
Komm in die CDU, dann hast du deine Ruh.
(unfreiwillige Komik)

... ich hatte keine Wahl!

Das „C" in CDU starrte mich nun fortwährend an!
War ich denn wirklich ein Christ?
Der Kinderglaube war mir abhanden gekommen,
ergründen musste ich neu,
wo Gott, wer Gott, ob überhaupt Gott ist?!

Nur eine Definition, nämlich die von der Materie
hatte ich parat, die so begann:
„Materie ist alles das, was unabhängig und
außerhalb des menschlichen Bewusstseins existiert. ..."
Gott, bist auch Du unabhängig
und außerhalb unseres Bewusstseins?
Aber wie kann ich Dich denn finden,
wenn Du außerhalb meines Bewusstseins bist?!

Antworten, die mir die Priester gaben,
sie schienen mir so kompliziert.
Einer von ihnen schaute mich lange an
und? – schenkte mir einen Apfel dann.
Der Apfel! Ja, der Apfel war die Lösung:

Das Streben nach Gotteserkenntnis begann!

Katholischer Herkunft und ökumenisch lebend
verbrachte ich fast 30 Jahr',
engagierte mich in der „Aktion Sühnezeichen"
in Polen und bei uns;
ein eigenständiger Friedensdienst, ganz klar
(für die SED-Regierung aber illegal;
erst 1988 wurde dieser in der DDR anerkannt.)

Ein Jahr später fiel die Mauer schon.
Kerzen brachten sie zu Fall.
W e l c h   e i n e   F r e i h e i t !
Konfrontiert sah ich mich zeitgleich
mit der Baha'i-Religion.

Nicht Einheit Deutschlands
auf ihrer Fahne geschrieben stand;
sondern Einheit aller Völker und Nation(en)!
Einheit der Menschheit!
Einheit der Religion!

Ich entschied mich (1991) für diese Vision!

Wie gut haben es heute die Sucher,
die davon Kenntnis nehmen,
dass Gott Seinen Bund erneuert hat
und in den jüngsten Offenbarungsschriften
im Klartext zur Menschheit gesprochen hat.

Schriften über Schriften
authentischen Materials
im Archiv des Baha'i-Weltzentrums
auf dem Berg Karmel (Haifa/Israel) sind da!

Halleluja – Alláh'u'Abhá

Irmgard Kümmel

Nov. 2014 – zum 25. Jahrestag des Mauerfalls

Neid?

Sie haben's gut, die Dichter; sie dichten –
es ist ihr Beruf
Doch ich muss noch andere Arbeit verrichten
Arbeit, die Gott wie für mich schuf:

Denn ich liebe meinen Beruf

Laut für Laut
(der Ontogenese entsprechend)
lehre ich dich Wort für Wort
und Satz für Satz zu sprechen

Meine Sprache muss nur sein wie Glut

Damit der Funke auf dich überspringe
Auf dich, du stammelndes Kind
Stamm'le nur, nur noch eine Weile
bis dann endlich das Sprechen gelingt

Nur werd' mir kein zu perfekter Redner;
zu viele Worte können gehen am Sinn vorbei
Nur Worte, die aus dem Herzen kommen;
sie machen dich und andere frei.

Irmgard Kümmel

Sprache
(Assoziationen einer Sprachheillehrerin)

Sprache ist wichtiges Kommunikationsmittel
(auch nonverbal)
Sprache bedeutet Erkenntnisgewinn
Sprache ist **die** Quelle von Missverständnis – nun:
Wir haben keine Wahl

Sprich also, damit ich dich **sehen** kann!
Sprich, solange du sprechen kannst
Ich kenne viele, die es nicht mehr können
nach einem Schlaganfall

Sprich und mach von der göttlichen Gabe Gebrauch – nur:
„Sprich nicht über die Sünden anderer,
solange du selbst ein Sünder bist." (VW)
„Höre auf die köstlichen Worte
Meiner lieblichen Sprache ..." (VW)

„Liebe Mich, damit Ich dich liebe.
Wenn du Mich nicht liebst,
kann Meine Liebe dich niemals erreichen.
Erkenne dies, o Diener!" (VW)

Irmgard Kümmel

(VW) Verborgene Worte, Baha'u'llah

Wer bist du?

Von ihm (R. F.) erfuhr ich über Marc Chagall
Und begeistert sprach er überall
von Teihard de Chardin, dem Mann mit den drei P
(Paläontologe, Philosoph, Priester)

Dieser Evolutionär teilte ein die Menschen
in drei Gruppen: Die Spießer und Genießer
Die lebendigen Toten
Die Sucher

Die Sucher! Sie werden Finder!
Sie sind wahrhaft Gotteskinder

und werden den Berg der Verklärung seh'n.
(Elia auf dem Berg Karmel)

Irmgard Kümmel

Vergebung

Streitigkeiten verzeihen, wofür?
Für mich?
Für dich?
Für uns?
Ja.
Für mich, weil es mich belastet.
Für dich, weil es dich belastet.
Für uns, weil es uns belastet.
Immer schwerer wird sie, die Last,
Bis du sie loslässt.
Und dann bist du freier.
Also wofür behalten dieses Gewicht?
Dieses kleine Päckchen,
Das alles schwerer erträglich macht?
Aus Starrköpfigkeit?
Egoismus, Sturheit, Ärger?
Es nützt doch keinem, nur schwerer,
Das wird es.
Geh doch weiter, lass es los.
Für dich
Für mich
Für uns.

Noura Messing (14 Jahre)

Mona

Sie war ein Mensch wie du und ich,
Aber auch wieder nicht
Unerschütterlich und stark
Ihre Geschichte geht bis ins Mark.

In jungen Jahren schon
Diente sie, doch erwartete keinen Lohn
Dieser Mensch hatte nur einen Grund
Sie tat es aus Liebe, und tat dies kund.
Nichts anderes bewegte ihr Herz, so rein
Kein Geld, kein Schatz, kein Tuch so fein

Es war die Liebe, die sie geleit'
Durch gute und durch schwere Zeit.

Die anderen Menschen verstanden dies nicht
Sie kannten nicht ihr geliebtes Licht
Was sie bewegte zu ihren Taten
Angst oder Neid, das kann man nur raten.
Doch eines ist ganz gewiss klar:
Dass es Liebe bestimmt nicht war.

Diesem einen Menschen machten sie
Das Leben schwer, doch sie verzieh
Ihre schrecklichen Taten Tag für Tag
Was man nicht zu verstehen vermag
Sie quälten sie mehr und sorgten dafür,
Dass alle dies taten, mit größter Müh'.

Doch dieser Mensch bat immerzu
Um seine Erlösung, seine Ruh'
Doch die Menschen hörten nicht auf
Es wurde schlimmer tagein, tagaus

Sie schlugen sie mit Freude ja!
Doch ihr Herz blieb rein, ihr Herz blieb klar
Die Menschen doch, die dummen Leut',
Nahmen ihr alles weg mit größter Freud'

Doch die Liebe dieser brennenden Seele
Wuchs, auch wenn sie ihr zudrückten die Kehle
Sie fügten ihr zu immer mehr Schmerz
Doch konnten nicht trüben ihr Herz.

„Willst du dich nicht an uns rächen?"
Mit säuselnder Stimme lockten sie
„Nein, ihr könnt meine Liebe nicht brechen!"
Denn diese Liebe versiegt nie.

Sie quälten sie weiter, folterten sie
Doch ihre einzige Folter war Ferne von Ihm
Und das Versprechen der grausamen Diebe,
Sie in Ruhe zu lassen, wenn sie verleugnet die Liebe
Kam für sie niemals in Frage
Lieber würde sie steigen ins Grabe

Und nach grausamer Folter immer öfter
War dies die Hoffnung, aus der sie schöpfte:

Zu sterben aus Liebe zu Ihm
Und in Ewigkeit aus Liebe zu dien'n
Und die Peiniger sprachen das Urteil über sie:
Der Tod ist, was sie verdien'
Und Tränen stiegen ihr in die Augen
Sie durfte sterben für ihren Glauben!

Die Menschen, die sie zum Galgen führten
Und die nicht ansatzweise spürten
Die Liebe und Freud', mit der sie durchflut'
Die konnten nicht anders als bewundern ihr'n Mut.

Erhobenen Hauptes schritt sie zum Strick
Und küsste das Werkzeug, das ihr brachte dies Glück
Das Werkzeug, das ihr würde das ewige Leben geben
Und das, was alle Liebenden erstreben.

Sie starb mit Anmut und ohne Reu'
Stets zu ihrer Liebe treu
Doch ihre Mörder, die Unmenschen ja
Sie würden niemals wieder leben, die Narr'n

Und die Geschichte dieses Menschen voll Mut,
Der jetzt für immer in Frieden ruht
Wird niemals vergessen, niemals verschwommen
Und an ihrer Liebe ein Beispiel genommen.
Und jeder will so sein wie sie:
Sterben für Den die Liebe versiegt nie.

Sie war ein Mensch wie du und ich
Aber auch ganz und gar nicht
Denn die Liebe zu Gott, durch die sie wurd' stark
Ist auch in deinem Herzen verwahrt.

Noura Messing (14 Jahre)

Der Teppich

In den Straßen der Städte und Dörfer
ahnen viele es schon, sie schließen ihre Häuser
bereits früh am Tag.

Denn das prophetische Wort Baha'u'llahs,
„bald wird die heutige Ordnung aufgerollt
und eine neue statt ihrer entfaltet",
gilt und ist noch unerfüllt.

Der jahrtausend alte Flickenteppich
ist zerrissen, geschunden und verbrannt,
und wird nicht mehr gesund.

Wie sich der neue Teppich anfühlen wird,
weiß niemand ganz genau.
Er wird die Erde als Ganzes bedecken
und schmücken in ein neues Gewand
und vielleicht weicher liegen auf dem Land.

Georg Meyers

Licht und Schatten

Manchmal ist es mir,
als wäre es mein Schatten, der mich führt.
Aber Du bist doch der, der mich bewegt.
Und wen interessiert schon,
                    wie mein Schatten dazu steht?
Das Licht wird nicht umgekehrt.

Georg Meyers

Wie verhindere ich den Krieg?

Nur die Ruhe bewahren?
Im Haus bleiben, mutig den Rasen mähen
auf der Straße nur mit Waffe gehen?
Wie vernichte ich diesen Feind da draußen?
Mit dem Nachbarn über Witze lachen!
Sicherlich nicht.

Wie verhindere ich den Krieg?
Wie den Feind in mir?
Nicht wie es Stanislav Petrow in Moskau tat.
Er zeigte, den Feind zum Freunde zu machen.
Zeichen gibt es genug.

Den Fremden anzunehmen.
Unwahrheit zu meiden.
Dem Flüchtling beizustehen
und mit ihm zu weinen.
An wie viel mehr ist zu denken?
Baha'u'llahs Kraft und Lehren gibt es genug.

Georg Meyers, zum 6. August

Dein Wort

Mein Herz umarmt Dein lichtes Kleid
ein Sehnen trägt die Seele weit
in diesen zarten Morgenschimmer.

Erlösung füllt mein Herz mit Stille
im Morgenwind erlischt *mein* Wille
und voll Vertrauen formt mein Sinn
Dein Wort, das mehr als Frühlingswind.

Ein Wort wie eine Mondnacht schön,
Ein Wort, das mit der Welt versöhnt,
das Nahrung schenkt, liebt, wachsen lässt
Ein Wort, so fest, das nie zerbricht.

Mein Innerstes steht weinend auf
strebt ohne weiteres Erfragen
zu Dir, mein Licht, und lässt sich tragen

Karin Pophusen

Du bleibst

Du bleibst
wenn Gedanken wie Fallbeile mich niederreißen
fragend, ob es Dich gebe
und *wo*,
wenn alles Geschaffene in langsamem Untergang
scheinbar Deiner Hand entgleitet.

Du bleibst
bis am anderen Ende des Regenbogens
aus uralter Steinwüste
wie aus dem Nichts heraus
in einer Blüte das Leben wieder in die Welt flammt
unverwüstet und hell

Du –
der das Licht vom Dunkel trennt
bis sie – einander betrachtend –
sich unter *einer* Hand zur Ruhe legen –
bleibst,
Ewig /er.

Karin Pophusen

Funke

Ein Funke nur, dies kleine Licht aus Dir,
das mich so ganz erfüllt,
erhellt das All, erhält die ganze Welt.

Ein Licht vom Licht, vom Herrn des Lichts
lässt Sterne tanzen, leuchten und zur Zeit vergehen.

Aus ihm strömt Lebensfunke,
der in jedem Wesen blüht;
formt nach so weisem Plan vielfältige Gestalt.

Aus jedem Leben leuchtet die Idee,
nur scheint die Lampe anders,
die die Flamme birgt.

Seh' ich den Wald aus allem an, was lebt,
erkenn' ich eins in allem,
fällt auch diese Illusion.

Aus Licht geboren, birgt die ganze Wesenheit
– die kleinste Zelle wie das Sternenzelt –
den Glanz der einen Liebe.

Karin Pophusen

Paradies

Hellgolden streckt der Sand sich hin
Nicht Wüste und nicht Meer
Ich flieg dahin wohl wie zu Pferd
Und doch nicht wirklich so.
Fast scheint die Seele selbst zu fliegen
Dahin, wo alles Sehnen ruht:
Zum Horizont, der keiner ist
Zur Stadt aus Stein, aus Sand, aus Nichts?
Doch fühlt mein Herz im wärmsten Licht:
Der Weg ist richtig; die Stadt ist wahr.
Der Weg ist weit, doch Weite nah –
Der Horizont ist gerade hier;
Ist hier das Paradies?
Ich spüre nie gekanntes Glück
Wie aus Kristall erklingt Musik
Indem das alte Bild zerbricht
Steh' endlich ich im reinen Licht

Karin Pophusen

Spätsommer

Spätsommer-Morgen mit der milden Wärme
und unberührter, schon gereifter Frucht ...
doch leise, tastend, wie von Ferne,
als spürte ich sein Atmen schon,
reckt sich im ersten Kühl das Rad der Zeit.

Im leisen Wind beugen sich Blüten,
ein Sonnenblumen-Feuerwerk klingt wie ein Lied
von Abschied wohl, doch in der Tiefe
ist es der Neubeginn, den es besingt.

In ferne Welten schaue ich, bin traurig.
Doch weiß mein Herz, seit es in diesem Leben wohnt,
es gibt ein Dauern, einen Sinn:
Der Herr der Zeit, der uns ins Licht begleitet,
der uns erkennt; dies fremde Land mit uns durchquert,
birgt unser Werden, unser scheinbares Vergehen,
in seiner Hand, die auch die Zeit umschließt.

Auch wenn der Schmerz uns hier noch nicht erreichte,
so sind wir heute schon
von dieser Scheinherrschaft der Zeit befreit.
Noch reisen wir durch fremdes, schweres Land –
doch hat die Seele ihre Heimat lang erkannt.

Karin Pophusen

Geistig wachsen

Das Auf und Ab in meinem Leben,
ein Lernprozess ganz ohne Sinn?
Was soll das Leiden für mich bringen,
liegt da der Kelch der Freude drin?
Ich frage mich, was soll das Ganze?
Weshalb bin ich auf dieser Welt?
Könnt' ich darin den Sinn doch finden,
warum man mich hineingestellt!
Das Ziel ist wohl, dies zu entdecken,
das Leben ist zum Lernen da,
vorwärts zu streben, geistig wachsen,
zu wissen – immer – Gott ist nah!

Vreni Romann

Leben

Mein Leben ist kein Kinderspiel,
ich muss viel Schmerz ertragen;
doch habe ich ein großes Ziel:
zu leben ohne klagen!
Doch, ob ich das je schaffen werd',
das steht noch in den Sternen.
Das Leben hier auf dieser Erd'
ist dazu da: zum Lernen!

Vreni Romann

Vergleich?

Ein Buch mit gelb verfärbten Seiten
bin ich, das Alter sieht am Umschlag man,
und das Papier ist durch Benutzung brüchig,
den Inhalt aber man noch lesen kann.
Im Antiquariat steh'n solche Bücher,
sie sind zu haben für nicht wenig Geld,
für mich würd' niemand etwas zahlen,
das ist der Unterschied auf dieser Welt!
Die Altersspuren sind nicht gleich zu werten
beim Buch bekommt das Alter Gold,
jedoch beim Menschen mit dem gleichen Alter
gibt es kaum jemand, der ihm hold!
Gering der Wert von menschlichem Gebilde,
das Runzeln, Haut und Knochen ist.
Der Mensch ist mit dem Buch nicht zu vergleichen,
weil man nicht mit der gleichen Elle misst!

Vreni Romann

Fasten

Fasten als die große Chance
um das Geistige zu pflegen?
Doch mein Geist gerät ins Wanken
knurrt der Magen ganz verwegen!
Wie kann ich in Einklang bringen,
leerer Magen plus den Geist?
Wird es jemals mir gelingen,
dass die Seele trotzdem preist
Gottes Größe, sein Gebot?
Oder bin ich vorher tot?

Vreni Romann

Wellenritt

Ein kleines Schiff auf einem Ozean
bin ich, das auf den Wellen reitet,
mal fährt es tief in einem Wellental,
mal es zuoberst auf dem Wasser gleitet.
Ein Auf und Ab je nach dem Wind, der bläst,
wird es oft schrecklich durchgeschüttelt;
auch Tage, die in sanftem Schaukeln enden.
Das Wichtigste –
Ich muss mich Gott zuwenden.

Vreni Romann

Lebensfäden

Des Lebens Fäden sind gespannt,
das Netz perfekt geknüpft
und plötzlich kommt da unerkannt
ein Objekt geschlüpft,
das dieses Netz mit Wucht zerstört,
das Werk zum Zittern bringt
und sofort mächtig, unerhört
das Herz mit Angst umschlingt.
Wär' ich 'ne Spinne, würde ich
das Netz ganz einfach flicken,
ich würde einfach fügen mich,
in Ruhe darein schicken.
Das Netz hat viele Fäden noch,
die stark zusammen halten –
und zu Gott beten kann ich doch,
die Händ' in Demut falten,
um Seine Hilfe bitten Ihn,
dass Er mir Kraft nun gebe!
Wo käme ich im Leben hin,
da ich durch Ihn nur lebe?

Vreni Romann

Zu Gott allein

Was kümmert's mich, was andere Leute denken,
ich muss mich einzig nur zu Gott hinlenken!
Ihm schuld' ich Reue, Er gewährt Vergebung
und Seine Gnade ist für mich erhoffte Segnung.
Das zählt im Leben, nur das Eine ganz allein,
mit allem andern hab' ich nichts gemein.

Vreni Romann

Ein liebes Wort

Am Anfang war das Wort;
und dieses bleibt für ewig!
Es wird gehört, gelesen immerfort.
Und eins davon macht Menschen selig –
geschrieben und gesagt – ein liebes Wort!
Warum dann schweig' ich, wenn ich reden sollte,
wenn ich doch weiß, es wartet jemand dort?
Es ist nicht, dass ich gar nicht wollte,
im rechten Augenblick ist alles fort!

Vreni Romann

Wort & Schmerz

Unbedachte Äußerungen
fallen stets auf den zurück,
der sie weitergibt und dabei
nicht bedenkt, dass sie kein Glück
für den Hörenden bedeuten,
dem ein Wort auch Schmerz sein kann.
Ach – der Mensch und seine Zunge
richten großen Schaden an!

Vreni Romann

Frieden

Freunde, lasst uns zueinander finden,
um Streit und Hass zu überwinden.
Auf Verständnis und Vertrauen
wollen wir die Zukunft bauen.
Nicht Status, Geld und Macht soll zählen,
lasst Liebe, Freundschaft, Recht uns wählen.
Jeder sei des andern Glückes Schmiede –
dann ist Friede.

Rassen, vergesst doch euren Streit
und seid zur Einigkeit bereit.
Zeigt allen Menschen Sympathie.
Erschafft die größte Harmonie.
Strebt nicht nach eurer Brüder Land
und legt die Waffen aus der Hand.
Werdet der Toleranz nie müde –
dann ist Friede.

Industrie, Profit und Geld
lenken das Denken in der Welt.
Der Mensch ist Mittel nur zum Zweck,
verkommen zum Konsumobjekt.
Ohne Rücksicht auf Gefühle
mahlt brutal die Leistungsmühle.
Verhelft der Menschlichkeit zum Siege –
dann ist Friede.

Eltern, zeigt Verständnis euren Kindern,
wollt ihr Gewalt und Krieg verhindern.
Des Lebens Schönheit lasst sie schauen.
Lehrt sie Gott- und Selbstvertrauen.
Bildung, Freiheit soll sie stützen.
Was kann euch Hörigkeit schon nützen?
Erzieht mit Weisheit und mit Liebe –
dann ist Friede.

Durch Alkohol und Drogen
seid ihr um euer Glück betrogen.
Mit Zorn und unbedachtem Handeln
könnt ihr die Welt in Schutt verwandeln.
Fühlt euch nicht stark durch Aggression,
denn Selbstzerstörung ist der Lohn.
Bekämpfet eure schlechten Triebe –
dann ist Friede.

Erkennen wir den Sinn des Lebens,
ist Liebe nur der Grund des Strebens,
lassen Vorurteile uns nicht verwirren
sowie Angst und Drohung nicht beirren,
weicht Selbstsucht stets den guten Taten,
wenn wir statt streiten uns beraten,
wenn wir die Hand zur Freundschaft bieten –
dann ist Frieden.

Joachim Schuster

Limericks

Auf dem Haupte Brillantine,
unterm Arm die Violine
voller Stolz,
Kopf aus Holz.
Wer verbirgt sich hinter der Miene?   (Bijan)

Mit einer Stimme engelsgleich,
silbern und zart, wie vom Himmelreich.
Sie singt hin und wieder
eigene Lieder,
welche duften zart wie Flieder.   (Mariam)

Streng und ernst mit schwarzen Haaren,
ein Mann in seinen besten Jahren.
Ein voller Bart
macht männlich hart,
und im Blick liegt der Stolz eines Zaren.   (Kambiz)

Im Aussehen fast einem Hippie gleich,
doch innerlich voll Geist und reich.
Und immer zu spät,
ob er fährt oder geht,
studiert er und fährt Taxi zugleich.   (Heinz Hampel)

Dr. Gerhard Schweter

Hymnus an Hohenems

Kennst du das Land, wo frei von allen Müh'n,
die Freunde fröhlich lachend durch die Straßen zieh'n,
wo zu des Geistes Nahrung sich gesellt das leiblich' Wohl,
wo selbst von einem Schulhaus jeder ist des Lobes voll!
Bei Gott, gar manchem Freunde wurde klar:
Dies ist kein irdisch' Ort, dies ist das Königreich Abhá!
Hätt' Gott dies' Land in Seinem Himmel schon gekannt,
Er hätt' den Himmel sicher HOHENEMS genannt!

Dr. Gerhard Schweter

Die Verlobung von Guido und Mariam
(Spontangedicht bei der Feier)

Ganz wunderbar der Abend war
Im Hause von Baron Colard

Es war ganz sicherlich ein Fest
Ein Fest, bei dem sich's leben lässt

Und das im wahrsten Sinn der Worte
Bei Brötchen, Kuchen, Obst und Torte

Doch all dies wurde (woll'n wir's hoffen)
Dann von der Feier übertroffen

Die, so wie sich's früher ziemte
Der herrlichen Verlobung diente

Von Guido mit der Mariam
(Die Beiden passen wirklich zamm)   ((= zusammen))

Sie sind ein äußerst fesches Paar
Für die nächsten hundert Jahr'

Wir alle waren sehr gerührt
Wo solcherart gefeiert wird

Und hoffen gar nicht lang zu bitten
Um einen kleinen Guido den Dritten

Zu warten auf den kleinen Guido
Uns gehet nicht Geduid o   ((= Geduld ab))

Dr. Gerhard Schweter

Tod eines Freundes

Ich hatte einen Freund, wie's ihn nicht wieder gibt.
Als Jüngling noch, im Frühling seiner Jugend
holt' ihn der Tod, er hat ihn sehr geliebt,
wie er ihn fand am Pfade aller Tugend.

Ich seh' sein frisches Lachen noch vor mir,
sein Bild wird immer unvergessen sein.
Wie können jemals fassen, je begreifen wir,
ihn niemals mehr zu sehn in unsren Reih'n?

Mein Freund ging seinen allerletzten Weg,
nachdem er diente der Armee des Lichts.
Oh welche Gnade, mitten im Gebet
spürt' er den Kuss des Todes, strahlenden Gesichts!

Ich hatte einen Freund, ein wahrer Freund für mich,
in seiner Gnade rief ihn Gott zu sich.
Oh möcht' ich endlich doch verstehn:
Nicht Abschied ist's, nur spät'res Wiedersehn!

Dr. Gerhard Schweter

TREULICH GEFREIT – NIEMANDES LEID
(Die Hochzeit im klassisch-heroischen Vers)

Zum Kampf der Wagen und Gesänge
um jedes Parkplatz' schmale Enge,
vor einen hohen Standesamt,
kam Ritter Gerd mit seiner Sippe
mit stolzem Blick, in Gold und Samt,
auf dass er in die Ehe kippe.

Auch Fräulein Mitra war nicht weit,
sie tritt vor ihn: Jetzt wird gefreit!
Und herrlich, in der Jugend Prangen,
wie ein Gebild' aus Himmelshöh'n,
mit züchtigen, verschämten Wangen,
sieht Gerd die Mitra vor sich stehn.
Scheu reicht sie ihm die zarte Hand,
die Jungfrau aus dem Morgenland.

„Was tun?", spricht Gerd. „So ist das Leben,
deine Schönheit macht mir das Herz erbeben."
Und lieblich' Worte für das Paar,
das schüchtern in dem Saale stand
und stumm vor Glück und Freude war,
fand der Mann vom Standesamt.

Oh dass sie ewig grünen bliebe
die schöne Zeit der jungen Liebe!
Dass niemals dieser süßen Triebe
entsprängen statt der Liebe Hiebe!
(Denn Hiebe sind des Glückes Diebe.)

Dr. Gerhard Schweter

HOCHZEIT IM PALAIS

(Die Hochzeit nach einem verschollenen Gedicht
von Wilhelm Busch)

Erster Streich

Ach, wie ist sie schön gewesen!
Die Hochzeit, mein' ich, von 2 Wesen,
ja, ich spreche jetzt von diesen,
welche Gerd und Mitra hießen.

An einem Orte, wohlbekannt,
genannt ganz einfach: Standesamt,
begann die Sache knapp vor zwei,
die ganze Sippschaft war dabei.

Die Mitra reichte scheu die Hand
ihrem Verkaufsrepräsentant.
Man stieg die Stufen bis empor,
da kommt auch schon ein Mann hervor.
Mit einer großen schwarzen Robe,
wie aus Großmutters Garderobe,
begrüßt er alle Leut' im Saale,
beginnt zu reden auf ein Male.
Mit seinem süßen Engelsblick
spricht er von Lieb' und Eheglück
und raspelt Süßholz, wunderbar,
in aller Augen feucht es war.

Schwierig sind für ihn die Namen
der beiden, welche hierher kamen,
denn BUKOWITZ und TEHERAN
vielleicht man sich noch merken kann,

jedoch wie beide heißen dann:
Etwa MISSAK – KHADEM – SWIRAK
oder SWISSAK – KHADEM – MIRAK ?

Doch ging dann alles gut vorbei,
nur BIJANs Tasche ging entzwei.
Gedankenlos hat dieser Held
vor GERHARDs Auto abgestellt,
und dieser dann, nicht minder blind,
fuhr über sie hinweg geschwind.

Am Schluss der Feierszene dann
war tief gerührt ein jedermann;
von hoher Ehrfurcht ganz bewegt,
alles leise, nichts sich regt!
Das macht dem ATA gar nichts aus:
Er klatschte donnernden Applaus.
Verdattert blickt der Stand'sbeamte
aus seiner Robe, denn im Amte
war solcherart Applaus ihm neu,
und damit war die Show vorbei.
Dieses war der erste Streich,
und der zweite folgt sogleich.

Zweiter Streich

Wo sonst nur Fürsten, Präsidenten
essen ihre fetten Enten,
wo sonst die oberen Zehntausend
sitzen in dem Saale schmausend,

gerade dort war dieses Mal
GERD und MITRAs Hochzeitsmahl.
Jedoch das Schönste im Palais,
das war das prächtige Buffet.
Dies fanden auch die hundert Gäste
und aßen alles, ohne Reste.
Da sah man Leute in den Massen
zum zehnten Male Essen fassen.
Danach spielt' ATA am Klavier,
sehr persisch klang das Ganze hier;
ein Pärchen tanzte zu dem Lied
ganz ungeniert auf persisch mit.
Und auch der NURAN tat's gelingen,
ihr Tanzbein wieder mal zu schwingen.
Nur GERHARD sah man nie beim Tanze,
denn filmen musste er das Ganze.
So flog die Zeit geschwind vorbei,
und plötzlich war es schon halb zwei.
Dieses war der zweite Streich,
doch der dritte folgt sogleich.

Dritter Streich

Vom dritten Streich bleibt nicht viel übrig,
denn abgeseilt in die Karibik
haben GERD und MITRA sich,
dort sind sie glücklich, sicherlich!

Dr. Gerhard Schweter

„Was für eine Macht ist doch die Liebe!
Sie ist die wunderbarste, die größte aller Lebenskräfte.
Die Liebe gibt dem Leblosen das Leben; sie entzündet eine Flamme
in erkalteten Herzen. Die Liebe gibt dem Leblosen Hoffnung und
macht leidgeprüfte Herzen froh. In der Welt des Seins gibt es
wahrlich keine größere Macht als die Liebe. Wenn des Menschen
Herz im Feuer der Liebe erglüht, ist er bereit, alles zu opfern,
sogar sein Leben.“

Abdu'l-Baha

Für Aurelia

O Geliebte!

Fühlst du den Puls, der in deinem Innern bebt,
der jede einzelne Zelle deines Wesens zum Schwingen
    bringt?
Fühlst du den Ruf, der das Universum verbindet und
    spaltet, der uns erstickt und doch in einem Atemzug
    durch das Weltall fegt
vom Anfang der Schöpfung bis zum Ende, das kein Ende
    kennt?
Geliebte, lösche dieses Feuer in mir, denn es verbrennt
    mein Sein zu Staub!
    Errette mich vor dem was doch süßer ist als das Gift,
    doch nein,
können denn menschliche Wesen göttliches Feuer
    löschen?
Geliebte, sind diese Qualen auch voll Schmerz, flehe ich
    doch um die Gnade dieses Leids.

Tauche ganz ein in die Glut, deren Hitze die Schlacken
dieser Welt zu Asche verbrennt.
Alsdann lass uns lauschen dem Gurren der Himmelstaube,
deren Lied die Unsterblichkeit der Unsterblichkeit
kündet!
Halte fest an der Liebe – sie ist ewig.

O meine Geliebte!

An dich denke ich, und mein Herz fängt an zu pochen.
Mein Atem vibriert und meine Muskeln zittern.
Ist das die Sehnsucht der Trennung oder das Wissen um
die Ewigkeit unserer Seelen?

Ist es das Verlangen nach deinem Leib,
koste ich die Buchstaben des Begehrens,
gibt es Genüge für diese Qual,
kann ewig brennender Durst gelöscht werden wie das
Feuer, das mein Herz verzehrt?

Welche Qualen können diese Süße auskosten?
Weh mir! Nur deine Hingabe in Seele und Leib kann Ruhe
mir schenken.
Bin ich ganz Mann oder Geist?

Macht mich zittern die Kraft meiner männlichen Stärke,
oder befriedigt mich die Sanftmut meiner Seele?
So bin ich also beides! Ich finde mich selbst.
Ich werbe um deine Liebe –
Von Ewigkeit zu Ewigkeit vereinigt mit dir!

O Geliebte meiner Seele!

Wie schön war es, dich zu sehen,
wie bereichernd, mit dir zu sprechen,
wie beglückend, mit dir zu beten,
wie erfüllend, mit dir zu arbeiten,
wie wunderbar, dich zu lieben,
so sanft, neben dir zu schlafen
und wie überraschend, deine Liebesbeweise an deinem
    Tisch zu finden!

Du bist die Sehnsucht meines Herzens!
Deinen Leib zu berühren ist wie das sanfte Streicheln des
    Grases am Morgen,
wenn der Tau die Finger benetzt,
und deine Lippen zu küssen ist wie das Schlürfen des
    Honigtaus.

Denke ich an deine Augen, falle ich in einen Brunnen.
Denke ich an dein Gesicht, sehe ich die Sonne.
Denke ich an deinen Mund, höre ich die Melodien des
    Paradieses.
Denke ich an deine Lippen, schmecke ich die Süße des
    Honigtaus am Morgen.
Denke ich an dein Haar, erlebe ich die Frische des Windes.
Denke ich an dein Herz, fühle ich Liebe.

Denke ich an deine Hände, sehe ich sich windende
    Schlangen
Denke ich an deine Taille, erregt mich das Summen der
    Wespe.

Denke ich an deine Schultern, entzückt mich deren
   Rundung.
Denke ich an deine Weiblichkeit, fasziniert mich Mystik.
So liebe ich also deine Seele und deinen Körper.
Du bist das wunderbarste Geschenk Gottes!

O meine Geliebte!

Denke ich an mich, so fühle ich tiefen Stolz,
denke ich an dich, so klopft mein Herz,
und das Blut wallt in meinen Adern.
Denke ich an uns, schießen mir die Tränen in die Augen,
denn ich sehe in eine wunderbare Welt.

O holdeste aller Frauen!

Deine Sanftmut ist der Balsam jeder verwundeten Seele.
Dein Strahlen ist die Wärme aus der Tiefe der Erde.
Deine Fröhlichkeit gleicht der Lerche auf dem Felde.
Deine Anmut berauscht tief mein Herz,
deine Stimme betört mit Weisen, geformt von der Zunge
   der Nachtigall.
Deine Treue ermutigt.
Deine Süße flirrt gleich der Libelle am Teich.
Deine Schwäche als Mädchen macht stark mein Herz,
deine Tränen, süß wie der Honigtau auf den Gräsern, sind
   der Trank der Unsterblichkeit.

Hier bricht die Feder, und die Melodie verklingt.

Ralf Stelling

Mit gläsernen Schwingen will es sich erheben,
will über die Wolken und strebt nach dem Licht.
Es lässt dich frohlocken und wieder erbeben,
dein Herz sucht den Frieden und findet ihn nicht.

Die Ängste der Nacht aus schlaflosen Stunden
vom ruh'losen Pulsschlag sie oft sind erfüllt.
Dein Herz sucht Erfüllung, die es nicht gefunden;
es schmerzt jene Sehnsucht, die selten gestillt.

Dereinst wird auch dein Herz den Frieden erfahren,
es schwebt dann auf Wolken, von Liebe bewegt.
Noch stört dich sein Pochen; in späteren Jahren
fragst du dich besorgt, wie lang' es noch schlägt.

Artur von Zell

Das Leiden, das dich heute plagt,
scheint dir das Ärgste auf der Welt,
so dass Verzweiflung in dir nagt,
der sich bald Kleinmut zugesellt.

Doch sieh der anderen Not und Pein,
die jene zu ertragen haben,
dann werden deine eig'nen klein,
und du begreifst, sie demutsvoll zu tragen.

Ja, du erkennst: Das Leid, das dich betroffen,
es stellt sich oft viel schwerer ein.
Drum zweifle nicht, beginn' zu hoffen;
die Hoffnung wird dir Heilung sein.

Artur von Zell

Denkst du nicht oft, du wanderst unter einem Zelt,
das dich bewahrt vor Unbill und Gefahren?
Vom Schöpfer fest gespannt hoch über deiner Welt,
so fandest du wohl Schutz und Hort in all den Jahren.

Du fragst dich oft, warum grad' schützt er mich,
wo ringsherum der Erde Grund erbebet.
Der Menschen Unrecht, Leid und Elend häufen sich,
manch' Mensch sich über andre rücksichtslos erhebet.

Des Schöpfers Ratschluss scheint total verborgen;
des Rätsels Lösung ist mir nie gelungen.
Die Suche nach der Antwort machte mir oft Sorgen,
wenn mir den Weg geebnet, der andren blieb verschlungen.

Des Schöpfers Segen schützt uns wie ein Mantelkleid,
es scheint, als sehe Er uns durch das Leben schreiten
Schritt für Schritt,
ob wir den Nächsten auch erwärmen in der kalten Zeit,
dass Leid wir helfend lindern, tragen seine Sorgen mit.

Wir kennen nicht des Schöpfers hehren Plan,
was jenen wohl erwartet, der auf Erden litt.
Droht Strafe uns, weil wir aus Eigennutz das Gute nie getan,
das wir versprachen; uns versorgten, derweil der andre litt?

Artur von Zell

Wenn die Liebe über das Land weht
und sich dabei tief in die Menschenherzen senkt,
da scheint, wo eben noch im Dunkel tiefes Leid steht,
ein warmes Licht, das sich verbreitet und verfängt,
trotz Bitternis im Dunkel großer Schmerzen.

Wer die starke Kraft der Liebe anerkennt,
spürt tief in sich so einen warmen, milden Glanz,
der sich entzündet, bis ein kleines Lichtlein brennt,
das uns erhellt, und es verdrängt das Dunkel ganz.
Ja, es erwärmt nun völlig unsre kalten Herzen.

Wenn die Liebe endlich ihren festen Platz fand,
so wird es licht in jedem kleinen Winkel dieser Welt.
Selbst dort, wo uns einst tiefes Leiden band,
keimt neue Hoffnung; Glauben, der uns neu belebt.
Die Liebe strahlt ein Licht von tausend Kerzen.

Artur von Zell

Wenn ich allein so durch die Ortschaft geh,
begegne ich nicht selten einer alten Frau,
die frierend dort an einer Ecke steht
voll tief durchlebter Einsamkeit, ich seh',
ja, ich erkenne es auch heute wieder ganz genau,
dass es ihr offensichtlich wieder schlechter geht.

Wahrscheinlich ist sie einsam, so wie ich,
doch keiner schaut sie an so im Vorübergehen.
Sie bleibt allein, und ihre Seele weint.
„Was tu ich noch auf dieser Erde?", fragt sie sich,
den Schmerz der Seele kann ich sehen,
ein Herz, das schmerzlich mir gebrochen scheint.

Ich sprech' sie an, und sie erschrickt,
an so etwas hat sie wohl nicht gedacht,
ein Mensch, der sich ihr zugewandt!
Sie dankt es mir, ihr leises Wort, tränenerstickt,
macht deutlich, dass sie lange nicht gelacht,
dass ihr die Einsamkeit die Seele fast verbrannt.

„Gib dich nicht auf", so höre ich mich sagen,
„glaub' an des Lebens eigentlichen Sinn.
Bist du auch heut' voll Sorgen und betagt,
so stellt das Leben dir noch viele Fragen.
Glaub' nicht, dass ich nicht auch oft einsam bin,
dass ich nicht auch mein Leben oft beklagt.

Schon bald eröffnen sich für uns ganz andre Sphären,
die Zuversicht trägt uns in lichte Höh'n,
dort schauen wir auf eine andre Welt.
Ich kann dir diese neue Welt noch nicht erklären;
vor meinem geist'gen Auge kann ich sie schon seh'n,
noch ist mir dieser schöne Blick verstellt."

Artur von Zell

Wenn Menschen zueinander finden,
vereinigt durch der Liebe Band,
sich für ein Leben treu verbinden,
dann ist die Einsamkeit verbannt.

Es ist ein Wirken und ein Weben,
ein heiß Durchfluten und ein Wehen,
es ist ein Nehmen und ein Geben,
ein Sich-Verschenken und Verstehen.

Es ist der Einklang zweier Seelen,
ein Schwelgen in Gemeinsamkeit.
Nicht einer will dem andren fehlen,
nicht in der Freude, nicht im Leid.

Es ist ein ständig' Neuentdecken,
ein Sich-Erklären und Vertrauen,
ist Offenbarung, kein Verdecken,
zeigt Größe selbst auf kleinem Raum.

wenn Seele sich zu Seele findet,
sich eins erklärend, ohne Wort,
wenn sich ein Herz ans andre bindet,
dann pflanzt sich wahre Liebe fort.

Es ist ein wirklich tief' Erleben,
dem Menschen zum Geschenk gemacht.
Wenn Seelen wie auf Wolken schweben,
erfüllt sich ganz der Liebe Pracht.

Artur von Zell

Wie schön war's damals, einfach Kind zu sein,
die Welt erwartungsvoll mit großen Augen anzuseh'n.
Noch ohne Argwohn vor dem bunten Lichterschein
der nahen Weihnacht hoffnungsvoll zu steh'n.

Und in den Tagen des Advent im letzten Sonnenschein,
da sah man abends hinter rot erhellter Wolkenschicht
bis in die gluterhitzte Backstube des Christkinds rein,
der Duft von frischen Plätzchen streifte das Gesicht.

Und die Erwartung weihnachtlicher Gaben,
die uns vom Christkind unter seinen Baum gelegt,
da zeigten wir uns artig, Mädchen wie auch Knaben,
wurden auch sonst im Jahr viel' Streiche ausgeheckt.

Schön war es damals in den frühen Kindertagen,
es lag so eine wunderbare Stimmung im Advent.
Bescheidenes ward damals bittend vorgetragen,
auch eine Tugend, die man heut' kaum kennt.

Heut' hat das Weihnachtsfest fast seinen Sinn verloren,
es zählen Umsatz nur und Verkaufsgewinn.
Es scheint, als sei der Heiland ganz umsonst geboren,
wenn Habsucht raubt der Weihnacht wahren Sinn.

Artur von Zell

Wo sind nur die Freunde aus sonnigen Tagen,
wo blieb unsre Lust am frohen Gesang?
Wie oft schon stellte ich mir diese Fragen
in herbstlichen Stunden mit grauem Behang?

Wo neulich erst lärmten gesellige Runden
bei lustigem Singen und fröhlichem Tanz,
da hat sich nun Ruhe um uns eingefunden,
und herbstliche Stille umschließt uns nun ganz.

Des Sonnenscheins Wärme und strahlendes Licht
sind von uns für eine Weile gegangen.
Was uns bleibt, sind Einkehr und innere Sicht,
Besinnung hält jetzt unser Wesen gefangen.

Oft wünsche ich mir jene Tage zurück
mit weißem Gewölk und dem Himmel so weit.
Doch, wie nicht beharrlich bleibt immer das Glück,
so haftet nicht ewig betrübliche Zeit.

Artur von Zell

Wer nie im Leid alleine war
in hoffnungslosen Tagen,
versteht wohl schwer, was mir geschah,
begreift nicht meine Fragen.

Ich glaubte fast, die Welt zerbricht
und geht in tausend Trümmer.
Du armes Herz, verzage nicht,
gar viele trifft es schlimmer.

Nur so konnt' ich den Schmerz ertragen,
gewiss, dass größtes Leid vergeht.
„Wie's immer kommt, nur nicht verzagen!"
Wohl dem, der so zum Leben steht.

Artur von Zell

kunduz 2009

gekränkte tauben auf atmenden giebeln vor
über das spiel das die köpfe verband trotz
klaffender wunden ein tröstendes wort zur
rechten zeit sie stand still angesichts des
„Luftschlags"

Ralf Stefan Wolf

Flucht ins Ungewisse

In großem Schmerz lasse ich
Dich ziehen in ein fernes Land
Das Ziel heißt Deutschland
Dennoch drückt Sorge mich

Ausführlich hat man mir berichtet
Das mütterliche Gemüt besänftigt
In Deutschland sollst du sicher
Und ruhig schlafen können

Wie wird es dir ergehen
Dort in fremden Städten
Wie wird man dich aufnehmen
Dort bei neuen Freunden

Ich wünsche dir Glück
Ich wünsche dir Freude
Möge dein Geist frei sein
Mögen deine Träume wahr werden

Und eines Tages!
Werde ich dich wiedersehen
Wirst du bis dahin
Teheran vermissen?

Ralf Stefan Wolf

Auf dem Land

Wenn der Februarnebel frühmorgens
über den Feldern schwebt
und seine Schwaden nur allmählich
die Sicht freigeben,
spüre ich das Kribbeln der Vorfreude
auf einen warmen Sommertag –
mit summenden Bienen
und Kindern am Bachufer.
Heute jagen sie Schmetterlingen nach
und morgen den Wünschen ihrer Väter.
So vergeht Tag um Tag,
bis jenseits des großen Flusses
Rettung oder Verderben
mindestens Horizonte

Ralf Stefan Wolf

Religionen

Entsprungen der einen Quelle
verfolgend nur ein Ziel,
sie strömen wie eine Welle
durch Zeitalter gar viel.

Ihr Licht scheint verschieden,
doch Menschen habt acht,
sie wollen nur Frieden
und das, was Einheit schafft.

Benutzt wird sie übel,
für allerlei Spiel,
verdreht und geprügelt
verfehlt sie ihr Ziel.

Nein danke, sagt jeder,
der klar bei Verstand,
mit so einer Käthe
bin ich nicht verwandt.

Die Quelle des Lebens
strömt leise dahin,
vielleicht schau' ich bebend
genauer mal hin.

Sie will doch nur einen
in Brüderlichkeit,
ihr Licht will hell scheinen,
die Herzen mach' weit.

Verboten ist Töten,
Hass und Gewalt,
das sagen sie alle,
o Menschen, macht halt.

Aus Liebe sich halten
an das, was vereint,
die Richtung behalten,
nicht schaffen den Feind.

Gabriele Zappel-Lucke

Weltfrauentag

Schon neigt sich die Waage,
das ist keine Frage.
Eine andre Zeit beginnt,
und die Frau an Kraft gewinnt.

Kampf, Streit, Gewalt verlieren ihr Gewicht,
denn ein neues Licht anbricht.
Mitgefühl und Herzlichkeit,
Güte und Barmherzigkeit,
Miteinander, Dienstbarkeit,
Intuition und Regsamkeit,
alles, was die Frau gut kann,
ist jetzt dran.

Taten und nicht Worte wollen alle sehn,
nur so kann's weiter gehn.
Keinen Schritt bleibt sie zurück,
denn nur, wenn Frau und Mann
einander helfen kann,
wird der Vogel fliegen,
so dass wir bald kriegen
Frieden in jedem Land.

Denn die Frau ist der Mandant,
welcher fähig und gewandt
Kämpfe aus der Welt verbannt.
Gleiche Bildung, gleicher Stand,
das wird nicht mehr aberkannt. („Gott sei Dank")

Vorurteile, Gegensatz,
niemand das verordnet hat.
Durch Liebe und Gerechtigkeit
hört endlich auf der Streit.
Gleiche Chancen, gleiche Kraft
dann hat die Menschheit es geschafft.

Gabriele Zappel-Lucke

Früchte eines Baumes

Betrachtet einander nicht als Fremde,
ihr seid die Früchte eines Baumes
                    und die Blätter eines Zweiges.

Ob Afrika und Asia, Europa und Amerika,
die Erde ist für alle da.
Eine Heimat für Mensch und Tier,
zusammen zu leben, dafür sind wir hier.

Betrachtet einander nicht als Fremde,
ihr seid die Früchte eines Baumes
                    und die Blätter eines Zweiges.

Nicht jeder hat die gleiche Schrift
oder trägt dasselbe Gesicht.
Verschieden und doch eins zu sein,
Vorraussetzung zum Glücklichsein.

Betrachtet einander nicht als Fremde,
ihr seid die Früchte eines Baumes
                    und die Blätter eines Zweiges.

Entsprungen der Wurzel, die Menschheit sich nennt,
aus demselben Staube, den jeder kennt.
Einer für alle und alle für einen,
dann wird keiner mehr weinen.

Betrachtet einander nicht als Fremde,
ihr seid die Früchte eines Baumes
                    und die Blätter eines Zweiges.

Gabriele Zappel-Lucke

Fliegen

Der Mensch
ist zum Fliegen bestimmt,
drum schwinge dich auf,
du Kreatur mit zwei Beinen,
und lass dein Herz fliegen
in die Sphäre der Liebe,
der reinen Triebe,
und fliege,
berauscht,
durch die Düfte der Lüfte;
auf, in den Himmel der Glückseligkeit.

Gabriele Zappel-Lucke

Universum

Das ganze Universum weiß,
dass ich Dich liebe,
Du Quell meines Lebens,
Du Wasser des Gebens.
Keine Sekunde bin ich allein,
Du bist bei mir,
mein Denken und Sinnen richtet sich nach Dir.
Erfülle mein Herz,
und lass den Schmerz, der die Trennung von Dir beweint,
in der Zeit, in der ich fern bin von Dir.

Vergib mir jedes Gedenken außer an Dich;
Du, den ich liebe mehr als mich.
Verzücke und beglücke mich,
lass mich nie im Stich,
verwandle und forme mich, Du, mein goldenes Gesicht.
In Deinen Armen fühl ich mich geborgen
und kann all meine Sorgen
legen in Deine Hand,
Du meine Liebe,
die mich mit allem verband.

Gabriele Zappel-Lucke

Neuer Morgen

Jeder Tag ist ein Neuanfang;
nach dem kleinen Tod der Nacht
bricht ein neues Leben an.

Die Lerchen auf dem Felde,
die Amseln in den Bäumen
jubeln ihm zu und verkünden:

„Ein neuer Tag ist erwacht,
freu dich und hab acht,
dass du das Wichtigste

nicht versäumst zu tun;
denn niemals wirst du wissen,
wann dein letzter Tag erwacht."

Gabriele Zappel-Lucke

Tod und Leben

Denke über das Leben nach dem Leben nach,
dann lebe das Leben, lebe das Leben, lebe das Leben.

Keine Sache im Leben ist sicherer als der Tod.
Dann mach' ihn doch zu deinem Verbündeten;
er wird dich lehren, was wirklich wichtig ist im Leben.

Dann wird es nicht wie ein Schatten vergeh'n,
du wirst es fühlen und erfüllen,
nicht davonlaufen und ignorieren.
Wisse um das Danach, wie um das Jetzt.
Jederzeit kann dein Gefährte sein Lösegeld einzieh'n,
dir deinen Körper entzieh'n,
und dann sind all deine Taten getan
und all deine Worte gesprochen.
Versäume nicht einen Tag, das zu tun,
was dir am wichtigsten ist.
Finde deinen Frieden mit dir,
hier, jetzt und heute.
Liebe deine Menschen und dich,
hier, jetzt und heute.

Teile deine Freude,
hier jetzt und heute.
Gib deine Gefühle,
hier jetzt und heute.

Wir kommen, sind und geh'n,
wir lernen zu versteh'n.
Es braucht die Zeit,
bis unser weißer Schopf in Weisheit erblüht.
Es ist der Preis des Alterns,
den du zahlst für das Wissen in dir,
ein unendlich reicher Schatz,
den das Leben dir schenkt.
Nimm dankbar den Preis und den Lohn,
denn es ist gewollt und gut so.

Die Zeit bleibt nicht in der Jugend steh'n,
sie will bis zum Ende geh'n.
Das Ziel wird die entzücken,
die die Angst nicht abhält, sich davor zu drücken.
Mit Mut und Kraft
hat's bisher jeder geschafft.

Gabriele Zappel-Lucke

Beziehung

Wie zwei Schwingen eines Vogels lass uns fliegen
dem Horizont der Liebe entgegen,
vereint und doch selbständig,
einander zugetan und doch selbstverantwortlich,
großzügig im Geiste, genügsam in der Welt,
offen für Freunde, unantastbar für Feinde,
einander treu ohne zu klammern,
füreinander, miteinander, zueinander,
frei im Denken, diszipliniert im Handeln,
ernst und doch voll Frohsinn,
im Geiste verbunden und daher nie allein.

Gabriele Zappel-Lucke

HAIFA BLUE

Wenn die stille See
in ihrer grüblerischen Hast
Sterne ans Ufer spült
aus denen Edelsteine hervorquellen

Dann wisse dass Hochzeit ist
Hochzeit auf Erden
Hochzeit auch im Himmel